AF222817

MATTHIAS HOFFMANN

FREUNDSCHAFT
MIT
ABBA-
VATER

WIE AUS DER PROBLEMZONE
„STILLE ZEIT" EINE TIEFE
UND BEGLÜCKENDE BEZIEHUNG
ZU GOTT WERDEN KANN.

cap-books

Freundschaft mit Abba-Vater

*Wie aus der Problemzone „Stille Zeit"
eine tiefe und beglückende Beziehung zu Gott
werden kann.*

Matthias Hoffmann
Freundschaft mit Abba-Vater

Bestell-Nr.: 52 50403
ISBN 978-3-86773-001-3

Alle Rechte vorbehalten

© 2007 cap-books by cap-music

Oberer Garten 8
D-72221 Haiterbach-Beihingen
info@cap-music.de
www.cap-music.de

Umschlaggestaltung: Olaf Johansson, spoon design
Druck: GGP Media GmbH, Pößneck

Bibelzitate:
Revidierte Elberfelder Übersetzung
© 1985/1991 R. Brockhaus Verlag, Wuppertal

Inhaltsverzeichnis

Widmung

Dank

Vorwort von Ralf Miro

Persönliche Gedanken zum Buch

Widmung

Mein neues Buch widme ich meinen kostbaren Geschwistern vom „Töchter und Söhne Treffen" (TST)*. Ich liebe es, mit euch verbunden zu sein! Lasst uns bitte darauf achten, dass wir selber immer Kinder Gottes und Freunde des Allerhöchsten bleiben und nicht Funktionäre werden!

* Das TST ist ein überkonfessionelles Netzwerk von geistlichen Leitern, das sich dafür einsetzt, dass die Vaterliebe Gottes unser Land noch stärker durchdringt, siehe: www.vaterherz.org

Dank

Mein besonderer Dank gilt wieder meiner geliebten Frau Karin, meinen Kindern Steffen und Judith, meinen vielen guten Freunden – sowie meiner Gemeinde in Hannover, der Ichthys-Gemeindefamilie (www.ichthys-hannover.com)!

Ihr seid mein Zuhause! Danke für den Lebensraum, den ihr mir ermöglicht. Danke für alle Ermutigung, Unterstützung und Beschneidung. Ich brauche euch so sehr!

Und ein konkurrenzloses Dankeschön an meinen allerbesten Freund, Abba-Vater!

Du hast mir mehrfach das Leben gerettet! Ich lebe so gerne mit dir!

Vorwort

Stille Zeit – ein Begriff nur für christliche Insider? Zeit kann viel sein: sie kann ausgefüllt sein, hektisch oder langatmig, sinnvoll genutzt oder vertan, bewusst wahrgenommen oder verplempert, kreativ gefüllt oder einfach nur totgeschlagen werden – aber still?

Oder ist damit vielleicht der Wunsch vieler Menschen gemeint – Christen mit eingeschlossen – zur Ruhe zu kommen im Trubel des Alltags, im Gefordertsein durch Aufgaben und Termine, im Überangebot von Freizeitgestaltungen und Möglichkeiten der Ablenkung? Also, einfach eine „stille" Zeit zu haben, abschalten zu können, seine Gedanken neu zu ordnen, die Augen und das Herz auf das Wesentliche zu richten – oder anders ausgedrückt: Gott begegnen zu wollen...

Wer von diesem Buch erwartet, einen Leitfaden geliefert zu bekommen, wie man die mühsam freigekämpften zehn oder fünfzehn Minuten pro Tag – auch Stille Zeit genannt – für Bibellese und Gebet noch effektiver gestalten kann, der wird enttäuscht werden. Das hier ist kein Handbuch, so nach dem Motto: „Herr, jetzt hör bitte ganz genau zu und beantworte meine Gebete möglichst schnell, denn ich habe es eilig!" Es ist kein Buch, das uns hilft, noch effektiver als Christen zu funktionieren, sondern das uns hilft, noch besser zu begreifen, wer wir sind – in Gottes Augen und welchen Platz wir haben – in seinem Herzen.

Der Autor, mein Freund Matthias Hoffmann, lädt uns ein, die Erfahrungen, die er gemeinsam mit vielen anderen Menschen gemacht hat, zu hören, zu verarbeiten (zu verstoffwechseln, wie er sagt) und für das eigene Leben fruchtbar zu machen. Es ist die Liebe des Vaters, die uns so kostbar macht. Unser himmlischer Abba (auf

Deutsch: Papa) hat Sehnsucht nach jedem einzelnen seiner einzigartigen Kinder. Er möchte Zeit mit jedem seiner geliebten Geschöpfe verbringen, kostbare Zeit, ermutigende Zeit, konkurrenzlos schöne Zeit, ewige Zeit – und das nicht irgendwann, einmal in zehn Jahren, sondern viel häufiger – warum nicht täglich oder sogar mehrmals am Tag?

Dieses Buch birgt eine große Gefahr in sich. Es könnte nämlich sein, dass die zehn bis fünfzehn Minuten pro Tag, die bisher für die Stille Zeit eingeplant waren, nicht ausreichen. Es könnten mehrere Viertelstunden daraus werden... Aber es könnte auch sein, dass aus dem inneren Druck: „Ich muss jetzt Stille Zeit machen", der Wunsch, ja die Sehnsucht wird: „Papa, es ist so schön mit dir, ich will jetzt gleich zu dir kommen. Du wirst mir sagen, dass du mich liebst – und das möchte ich dir auch sagen. Du wirst mir Anteil geben an dem, was dich bewegt – und ich kann dir sagen, was mir am Herzen liegt. Wir werden eine tolle Zeit gemeinsam haben. Und hoffentlich werden die Menschen um mich herum von deiner unbegreiflichen, unüberbietbaren und unzerstörbaren Liebe, mit der du mich liebst, etwas Gutes abbekommen!"

Ralf Miro
Vineyard-Gemeinde Hamburg-Bergedorf
Mitglied im Leitungsteam der Vineyard-Bewegung
in Deutschland, Österreich und der Schweiz (D.A.CH.)

Persönliche Gedanken zum Buch

Seit mehreren Jahren führen wir in Kirchengemeinden unterschiedlicher Konfessionen Seminare zum Thema „Gott als Vater kennen lernen" durch. Dabei habe ich oft eine für mich **erschreckende Entdeckung** gemacht: Sobald das Thema „Stille Zeit" angesprochen wird, senkt sich eine kollektive Wolke von Verdammnis auf die Zuhörer. Es ist gerade so, als ob jeder gleich am liebsten auf die Knie fallen würde und unter Tränen schluchzend alle Sünden von Unzulänglichkeit bekennen wolle: „Ja, es stimmt, ich habe zu wenig gebetet! Ich habe zu wenig Fürbitte geleistet und zu wenig Lobpreis gemacht! Und ich habe auch zu wenig in der Bibel gelesen! Ich bekenne mich schuldig in allen Punkten der Anklage..., meine Zeit mit Gott reicht einfach nicht aus! Ich reiche nicht aus! Ich bin zu undiszipliniert...!" Solche und andere fiktive Beichtrufe habe ich überall erspüren können.

Ich kenne kaum einen Christen, der beim Thema **„Stille Zeit"** keine Bauchschmerzen bekommen würde. Woran liegt das nur, dass die tägliche Zeit mit Gott für uns zur **Problemzone** verkommen ist? Dabei sollten das **die beglückendsten Augenblicke unseres Lebens sein!**

Ich habe eine wunderbare Frau und zwei prächtige Kinder im Jugendalter; und ich liebe es, mit meiner Familie zusammen zu sein, auch wenn es dabei nicht immer reibungslos zugeht. Nun, wie fände ich es wohl, wenn meine Lieben jedes Mal, wenn ich mit ihnen Gemeinschaft haben möchte, Schuldgefühle bekämen? Meine Frau würde etwa sagen: „Nein, küss mich heute nicht, denn ich habe zu wenig Zeit mit dir verbracht." Und meine Kinder würden meinen: „Papa, gehe lieber weg von uns, denn wir haben unsere Zimmer noch nicht aufgeräumt!" Das würde mich wirklich sehr schmerzen, wenn ich so behandelt werden würde. Aber genau das Gleiche passiert unserem Gott millionenfach im Leben von uns Christen. **Wir als Kinder Gottes laufen mit einem permanent schlechten Gewissen herum, dass wir unsere geistlichen Pflichten dem himmlischen Vater gegenüber nicht ausreichend erfüllt haben.**

Liebe Leute, das kann es doch nicht sein! Da müssen wir etwas Gravierendes übersehen haben! Darauf will dieses Buch aufmerksam machen. Es gibt bereits mengenweise gute Literatur über „Stille Zeit", mit vielen sehr hilfreichen Handlungsanweisungen und ganz praktischen Tipps. Warum dann noch ein weiteres Buch zu diesem Thema?

Weil es mein tiefstes Verlangen ist, Menschen in eine **erfüllende Freundschaft mit Abba-Vater**, unserem Gott, zu führen. Wir haben viel gehört und gelesen, was man machen sollte und wie man es anstellen sollte. Aber dabei geht es doch vor allem um eine **Liebesbeziehung** und nicht um das Einhalten und Erfüllen von religiösen Übungen. Sage mir, welches Bild du von Gott hast, und ich sage dir, wie deine „Stille Zeit" aussehen wird. Es geht um mehr als um die richtigen Praktiken. **Unsere Freundschaft mit Abba-Vater lässt sich nicht in gelesenen Kapiteln, auswendig gelernten Versen und Stunden auf den Knien messen.**

Es geht um die schönsten Momente unseres Lebens in der liebevollen Nähe eines unsichtbaren Gottes, der uns Vater und Freund sein will!

Wenn dich das neugierig macht und du ein neues Verständnis von deinem Gott brauchst, neue Zugänge zu ihm suchst, um die lustvolle Seite der Gottesbeziehung kennen zu lernen, dann möchte ich dir durch dieses Buch von Herzen gern dabei behilflich sein. In den ersten Kapiteln geht es um ein **neues Bild von Gott.** Dabei ist es gar nicht so neu, es ist 2000 Jahre alt. Es ist das gleiche Bild, das uns Jesus vor Augen gemalt hat: Gott als Abba-Vater. Im weiteren Verlauf beschreibe ich einige Facetten meiner Freundschaft mit ihm, in der Hoffnung, dass sie inspirieren und ermutigen, selber Neues auszuprobieren und den eigenen Weg zum Vaterherzen Gottes zu finden. **Am Ende eines jeden Kapitels findest du eine persönliche Checkliste.** Hier stelle ich dir drei Fragen, die dir helfen sollen, das Gelesene auf dein Leben zu übertragen und anzuwenden. Derselbe Gott, der über 8000 Spinnenarten erfunden hat (mir hätte auch nur eine gereicht!), will keine langweiligen, gleichförmigen Pflichtveranstaltungen nach Vorschrift, sondern liebt die kreative Vielfalt seiner Kinder. Deshalb wird es so viele unterschiedliche Ausdrucksformen, Stile und Betonungen in unserer Gottesbeziehung geben, wie der Vater im Himmel Kinder hat!

Viel Freude und Segen bei deiner persönlichen Entdeckungsreise!

Matthias Hoffmann

1. Kapitel

Der Gottesbilder-Laden

Wenn wir über Gott als unseren Vater nachdenken, bekommen wir es unweigerlich mit einem weiteren Themenbereich zu tun: nämlich mit „Gottesbildern" – oder besser gesagt, mit unseren Vorstellungen über Gott. Im folgenden kleinen Anspiel werden uns ein paar der gängigsten Bilder vorgestellt. Darf ich also einladen? Und Bühne frei...!

Anspiel: Der Gottesbilder-Laden
(frei nach Hoffmanns Erzählungen)

* Die Anregung zu diesem kleinen Anspiel bekam ich durch einen gleichnamigen Sketch, den ich vor über 20 Jahren in einer Material-hilfe für Jugendmitarbeiter fand.

Mitwirkende:
- Ladenbesitzer
- Mutter
- 1. Kind
- 2. Kind
- Emanze
- Esoteriker
- Terrorist
- Kirchgänger
- Unternehmer

Bühnenbild:
Auf der Bühne stehen mehrere Tische mit religiösen Symbolen, Büchern und bemalten Pappkartons sowie eine Ladenkasse. Auf einem großen Schild kann man lesen: „Gottesbilder-Laden".

Hinter einem der Tische steht der Ladenbesitzer. Er trägt einen einfachen Kittel. Eine Mutter mit zwei Kindern an der Hand und vielen Plastiktüten betritt den Laden. Die Kinder reißen sich los und beginnen überall rumzustöbern.

Mutter: *(zu den Kindern gewandt)*
                   Und dass ihr mir im Laden ja nichts anfasst...!!!
Die Kinder verteilen sich über den Laden und fassen vieles an.
Ladenbesitzer: *(etwas entnervt, scheinheilig)*
                   Süß, diese Kleinen..., und so voller Leben..., voller
                   Entdeckerdrang!
Er nimmt einem Kind einen Gegenstand mit Gewalt aus den Händen.
                   Womit kann ich Ihnen dienen, meine Gnädigste?
Mutter: Ich brauche ein Gottesbild...
Ladenbesitzer: Für Sie selbst oder...für die entzückenden kleinen
                   Herzensbrecher?
Die Kinder streiten sich laut um einen Gegenstand.
Mutter: Für meine Kinder natürlich! Sie wissen schon..., etwas, was ihnen Werte und Maßstäbe gibt. Eine feste
                   Hand fürs Leben.
Die Kinder faxen herum, während die Mutter am Ende mit ihren Nerven zu sein scheint.
                   Rainer-Maria, lass das sofort los!
                   Eva-Charlotte, nimm das wieder aus dem Mund!
Ladenbesitzer: Entzückend, diese Kleinen...
                   Mmh, ich glaube, da habe ich etwas für Sie.
Er holt eine Pappe hervor, auf der man sehen kann: Gott als großes Auge.
                   Sehen Sie hier: Gott als Big Brother, der alles sieht!
                   Wie ein Polizist..., ein Freund und Helfer in der Not,
                   aber eben auch eine Autorität, die sich nicht auf der
                   Nase herumtanzen lässt... Gott sieht alles! Na, was
                   sagen Sie jetzt?

Mutter:	Das ist ja fantastisch. Danach habe ich immer schon gesucht...Ein Aufpasser für meine Kinder. Dieses Gottesbild kaufe ich sofort.

Sie holt Geld heraus und bezahlt. Dann nimmt sie die Pappe und hält sie dem Jungen vor die Nase.

Mutter:	Rainer-Maria, Gott sieht alles...!
	Eva-Charlotte, Gott beobachtet dich genau...!

Die Kinder sind ganz verängstigt und folgen ihrer Mutter. Sie gehen hinaus.

Eine emanzipierte Frau betritt den Laden.

Emanze:	Das glaub ich nicht, haben Sie gerade solch ein antiquiertes Gottesbild dieser Frau verkauft..., das ist doch von vorgestern..., wer glaubt denn noch an so etwas...?
Ladenbesitzer:	Aber, bitte, bitte, meine Gnädigste! Solch ein Gottesbild passt natürlich nur zu einfältigen Menschen. Aber doch nicht zu solch einer gebildeten, emanzipierten Frau wie Ihnen?!
Emanze:	Nun hören Sie aber auf zu schleimen und nennen Sie mich auch nicht Gnädigste, denn ich kann auch ganz ungnädig sein...
Ladenbesitzer:	Das kann ich mir lebhaft vorstellen..., schauen Sie, hier hätte ich etwas für Sie...

Er holt Pappe hervor: Gott als abstrakte Spirale mit Blitz.

	Gott als unendliche Weite, ohne Anfang, ohne Ende...

Ein Esoteriker betritt den Laden.

Emanze:	Nein, das ist mir zu abstrakt und vor allem zu maskulin...

Der Esoteriker nimmt ihr das Bild aus der Hand.

Esoteriker:	Aber das ist ja genau das, wonach ich gesucht habe. Die unendlichen Weiten des Universums, Ying und Yang, dies und das...Alles ineinander verschlungen. Gott, das ewig Andere, Unbekannte, Fremde..., das kaufe ich mir sofort...

Er holt Geld heraus, bezahlt und nimmt das Bild. Danach verlässt er den Laden.

Ein Terrorist mit Sonnenbrille und Revolver, hinter Zeitung versteckt,
kommt herein und schleicht umher.

Ladenbesitzer: *(zur Emanze gewandt)*
Nicht jedem passt das gleiche Gottesbild, aber Sie
sehen ja, Gott als abstraktes Etwas lässt sich heutzutage wirklich gut verkaufen. Ich weiß, Sie suchen etwas völlig anderes..., mehr feminin.

Emanze: Ja, genau, haben Sie denn keine Göttin im Sorti-
ment?!

Der Ladenbesitzer kramt etwas herum.

Ladenbesitzer: Nein, nur Maria als Mutter Gottes. Aber die könnte
auch fast als Göttin durchgehen, oder?

Sie ist ganz empört und wendet sich zum Gehen.

Emanze: Phh, das hätte ich mir ja gleich denken können, als
ich einen Mann hinter der Ladentheke stehen sah.
Typisch Macho-Gehabe..., dann werde ich mir halt
selber ein passendes Gottesbild machen, wenn Sie
hier schon keines auf Lager haben...

So geht sie schnippisch weg. Der Ladenbesitzer wendet sich dem Ter-
roristen zu.

Ladenbesitzer: Womit kann ich Ihnen helfen?

Der Terrorist schaut sich nach allen Seiten um.

Terrorist: Ich brauche ein Gottesbild. Aber dalli, dalli!

Er holt den Revolver hervor. Der Ladenbesitzer schreckt zurück, aber
fängt sich bald darauf wieder.

Ladenbesitzer: Ach, ich verstehe, Sie brauchen etwas gegen Ihr
schlechtes Gewissen?

Terrorist: Woher wissen Sie das..., sieht man mir das etwa an?

Er setzt die Sonnenbrille ab.

Ladenbesitzer: Ja, ich hatte neulich schon solch einen Kunden mit
ähnlicher Nachfrage. Es ist ja auch nicht leicht, heutzutage ein Terrorist zu sein. Immer wieder Bomben
werfen, Menschen töten..., tja, tja, das geht schon
aufs Gewissen...

Er holt ein Taschentuch raus und wischt sich weinerlich die Augen.

Terrorist: Uah, wem sagen Sie das?! Ich habe schon so viele
auf dem Gewissen und muss immer hart sein und
schießen und morden.

Ladenbesitzer: Vielleicht wäre dann das etwas für Sie?
Er hält eine Pappe hoch: Gott als alter Mann im Schaukelstuhl.
Gott als alter Mann im Schaukelstuhl. Der liebe alte Gott, der immer beide Augen zudrückt. Falls er überhaupt noch etwas mitbekommt. Friedlich und harmlos und ganz gewiss keine Bedrohung.
Der Terrorist verändert wieder die Stimme und wird cool. Dann reißt er es dem Ladenbesitzer aus der Hand.
Terrorist: Dalli, dalli, geben Sie es schon her! Das ist bombastisch! Dann kann mir ja nichts mehr passieren! Von dem Opa habe ich nichts zu befürchten, hahaha...
Er geht mit dem Bild, ohne zu bezahlen.
Ladenbesitzer: Aber halt, Sie haben noch nicht bezahlt..., naja, soviel ist dieses Bild im Grunde genommen auch nicht wert.

Ein frommer Kirchgänger, mit großem Kreuz um den Hals, betritt den Laden.
Ladenbesitzer: Guten Tag, mein Herr..., was sage ich, lieber Bruder, was für ein gebenedeiter Tag..., Halleluja..., womit kann ich dienen? Brauchst du vielleicht ein neues Gottesbild?
Kirchgänger: O wie abscheulich..., steht nicht geschrieben, du sollst dir kein Bildnis machen..., das alles ist eitel Tand und wird vergehen in den Feuern des göttlichen Gerichtes!
Ladenbesitzer: *(scheinheilig)*
O wie Recht du hast, barmherziger Bruder. Aber, was begehrst du dann von einem reuigen Sünder wie mir?
Kirchgänger: Ich bin auf der Suche nach der letzten unrevidierten Lutherbibel von 1557, im originalen Luther-Ton, denn nur darauf ruht die wahre Salbung...All diese neumodischen Firlefanz-Bibelübersetzungen, damit sollte man besser die Feuer der Hölle heißer schüren!
Ladenbesitzer: O wie weise du bist und wie sehr du Recht hast. Nur gut, dass ich da zufällig noch die letzte unrevidierte Lutherbibel aus dem Jahr 1557 habe.

Er holt die Bibel hervor.

Kirchgänger: Wie verzückt, wie beglückt ich bin...Nun kann ich
                  wieder das Wort hören, wie es damals vom Himmel
                  kam.

Ladenbesitzer: Wer's glaubt, wird selig...

Kirchgänger: Was beliebtest du zu sagen?

Ladenbesitzer: Ich sagte, jeder, der das glaubt, ist selig zu nennen...

Kirchgänger: Hosianna, Halleluja. Sintemal ich fürwahr ein auf-
                  rechter Kirchgänger bin...

Er bezahlt und geht mit der Bibel unter dem Arm.

Ladenbesitzer: Was für ein scheinheiliger Fritze?! Als ob der kein
                  Gottesbild hätte? Und was für ein verstaubtes altes
                  Ungetüm von Gottesbild! Pfui..., nur gut, dass er vor
                  lauter Entzückung gar nicht gemerkt hat, dass ich
                  ihm anstatt einer Bibel ein altes Gesetzbuch unterge-
                  jubelt habe..., hä, hä, hä!

Ein Geschäftsmann im feinen Anzug betritt den Laden.

Ladenbesitzer: Guten Tag, der Herr! Sie suchen ein Gottesbild?!

Unternehmer: Ja, ich bin Unternehmer und habe eine Firma. Da
                  brauche ich ein Gottesbild. Etwas, was meine Beleg-
                  schaft im Zaum hält, wenn sie mal wieder neue
                  Lohnforderungen stellt. Etwas, was meine Arbeiter
                  einschüchtert und am besten meine Position als
                  Chef stärkt.

Ladenbesitzer: Das wird aber seinen Preis kosten, mein sehr geehr-
                  ter Herr!

Unternehmer: Geld spielt keine Rolle!

Ladenbesitzer: Das hört man gerne...

Er holt ein Gottesbild hervor: Gott an der Spitze einer Pyramide.

                  Sehen Sie, Gott als König auf dem Thron? An der
                  Spitze der Macht-Pyramide. Und gleich dahinter
                  kommen Sie, quasi als Oberaufseher, als gottgewoll-
                  ter Herrscher, von Gottes Gnaden. Tja, und hier un-
                  ten, ganz unten ist das Fußvolk, Ihre Untergebenen,
                  Ihre Mitarbeiter. Also, wenn das keinen Eindruck bei
                  Ihrer Belegschaft macht, dann weiß ich auch nicht
                  mehr?! Schließlich hat es bei Ihrem Konkurrenten
                  im Betrieb auch geholfen!

Unternehmer: Was, bei Firma Mommsen hat das gewirkt?

Ladenbesitzer: Ja, und wie…, die bekommen ein jährlich neues Update auf dieses Gottesbild, weil es so gut funktioniert.

Unternehmer: Dann will ich es auch haben!

Freudestrahlend bezahlt er und geht.

Ladenbesitzer: Was man den Leuten alles andrehen kann? Die würden sogar glauben, dass es einen persönlichen Gott gibt, der sie wie ein guter Vater liebt, wenn es ihnen jemand erzählen würde…

Er schüttelt den Kopf und verlässt die Bühne.

E N D E

Gottes-Vorstellungen

„Wie stellst du dir Gott vor?" – das klingt wie eine Umfrage auf der Straße. Oder wie eine Aufgabe für die süßen Kleinen im Kindergarten: „Nun malen wir alle mal ein Bild vom lieben Gott!" Aber wie sieht denn der „liebe Gott" aus? Was macht er den ganzen langen Tag? Wie ist er denn so drauf? Tausende von Fragen und Vorstellungen geistern durch die Köpfe und Herzen von Menschen. Und auch von uns Christen! **In uns allen leben Gottesbilder!** Obwohl wir ja alle wissen, dass wir uns kein „Bildnis von Gott" machen sollen. Schließlich hat der Herr uns das per Gesetz verboten (2. Mose 20, 4). Aber komme mir da keiner, der wirklich behaupten will, dass er sich nicht doch irgendwo tief drinnen ein kleines Bildchen von Gott gemacht hat! Vielleicht so ein wenig wie in dem zuvor stehenden Anspiel: „Der Gottesbilder-Laden". **Auf dem Markt der Möglichkeiten erschafft sich der Mensch einen Gott nach seinem Bildnis, nach seinen Bedürfnissen oder seinen Vorprägungen.**

Ich bin aufgewachsen in einem christlichen Elternhaus, konservativ-bibelgläubiger Herkunft. Meine Eltern haben schon früh ein positives Bild von Gott in mich hineingelegt und geprägt, wofür ich ihnen sehr dankbar bin. Als kleiner Junge war Gott für mich mein Beschützer. Das erlebte ich immer wieder eindrücklich, wenn ich mir bei meinen Abenteuern nur aufgeschlagene Knie und nichts Schlimmeres holte. Dies positive Bild von Gott konnte noch nicht einmal die „Sonntagschule" erschüttern (was für ein furchtbarer Name, als ob es nicht reichen würde, eine ganze Woche lang zur Schule gehen zu müssen?!), mit Liedern wie: „Pass auf kleines Auge, was du siehst..., denn der Vater in dem Himmel schaut herab auf dich, drum pass auf...!" – Uah! Was für ein erschreckendes Bild von Gott wurde mir da vermittelt! Gott als Polizist, der hinter mir steht und nur darauf lauert, dass ich einen Fehler mache, damit er mich bestrafen kann.

In meiner Teenagerzeit wurde das positive Bild von meinem Gott durch Freunde angezweifelt. Mein kleinkindlicher Glaube hielt dem Ansturm von Hinterfragung nicht stand und bröckelte. Ich verlor meine „Standpunkte" – denn Glaube muss mehr sein als das. Die Fragen und Anklagen meiner Kumpels fanden auch in mir ihren Widerhall: „Wie kann denn ein Gott der Liebe nur so viel Leiden auf der Welt zu lassen? Entweder zeichnet er sich durch brutale Willkür aus oder er ist schwach und überfordert mit seinem Job oder er ist gar nicht existent; er ist nur eine Projektion der eigenen Wünsche und Sehnsüchte." So machte ich mir meine neuen Gedanken und Vorstellungen über Gott. Und wie ich meinte, klangen diese Ideen mächtig intellektuell und irgendwie erwachsen. Sollte doch jeder glauben, was er will. Sollte doch jeder nach seiner Facon selig werden. **Für mich war Gott nicht mehr vorstellbar.**

Bis zu jenem Sonntag, der mein kleines Leben auf den Kopf stellen sollte. Aus Liebe zu meinen Eltern begleitete ich sie in ihren für mich so langweiligen Gottesdienst. Schon lange erwartete ich von solchen Zeiten absolut nichts mehr. Doch an diesem Tag traf mich ein Bibelwort. **Jesus sagt in Johannes 14, 6: „Ich bin der Weg, die Wahrheit und das Leben, niemand kommt zum Vater, denn durch mich!"**

Ich wurde diesen Bibelvers, den ich schon als Kind auswendig gelernt hatte, einfach nicht mehr los. Als ich nach Hause kam, spulte er in meinem Kopf wie ein Ohrwurm. Dadurch zerbrach Gottes Geist meine Fassade und Maskerade, hinter der immer noch ein sehnsüchtiger, kleiner Junge saß und nach Gott rief, weil er die Welt und das Leben nicht verstand. Innerlich aufgewühlt betete ich damals: „Jesus, wenn es dich wirklich gibt, dann komme doch bitte in mein Leben und zeige dich mir so, dass ich mit dir leben kann!" Und er kam tatsächlich! Mit seiner Liebe und Gnade, mit seiner Vergebung und seiner Auferstehungskraft! Ich hatte seine Realität erfahren. Nun wollte ich ihn besser kennen lernen. Aber in der Gemeinde entstand in mir durch zahllose Predigten, Bibelarbeiten und Vorträge mehr und mehr ein Bild von Gott, das viel mit Leistung und Dienst zu tun hatte. Ich kann es auf eine einfache Formel abkürzen: „Ja, Gott liebt dich, – aber nur dann richtig, wenn du ihm dienst und ihn zufrieden stellst! Und weil du das sowieso nie richtig schaffst, bleibst du halt ein armer Wurm und Sünder". **Ich durchschaute das anfangs nicht, aber mein Glaube war ganz und gar auf Leistung aufgebaut. Dabei sprachen wir von der Gnade und predigten das Gesetz.**

So nett kann Gott nicht sein!

Mittlerweile sind viele Jahre in meinem Leben vergangen und ich habe Gott tiefer und besser kennen lernen dürfen: Er hat sich mir als liebevoller Vater vorgestellt. Nach einem Seminarvortrag, den ich einmal in einer anderen Stadt hielt, kam ein Mann ganz entrüstet auf mich zu und schnaubte: „ Das stimmt aber nicht, was Sie da gesagt haben..., Ihr Gott ist so anders, der ist viel zu nett!" – Ja, für viele Christen, die gefangen sind in einer Prägung von Leistung und Dienen, ist es nur schwer zu ertragen, dass unser Gott wirklich ohne Vorbedingungen liebt. Unser Gott ist mehr als nett! Ich habe öfters den Vorwurf gehört, dass wir einen viel zu liebevollen Gott verkündigen (als ob das wirklich ginge?!). Viele Christen, die mir vor Augen stehen, leiden eher darunter, dass sie das Gefühl nicht loswerden, Gott nicht zu genügen. Und zahlreiche säkulare Zeitgenossen leben sowieso schon unter dem Empfinden, dass in ihrer kleinen Welt „die Hölle los sei" – weil sie die Arbeit verloren haben, ihre Ehe und Familie auseinander zu brechen droht und sie soeben eine Krebsdiagnose von ihrem Arzt erhalten haben. Und dann kommen wir Christen – ...welches Bild von Gott zeichnen wir ihnen? Wie will sich unser Gott solchen Menschen in Not vorstellen? Jeder muss seinen eigenen Erkenntnissen folgen...

Ich bin jedenfalls der festen Überzeugung, dass es höchste Zeit ist, den Menschen Gott als liebenden Vater vorzustellen! Es gibt zu viele falsche Gottesbilder in dieser Welt – leider auch unter uns Christen!

Krankmachende Gottesbilder

Im Folgenden werde ich einige Beispiele von krank machenden Gottesbildern skizzieren. Leider gibt es noch weitaus mehr Lügen, die
über unsern Gott im Umlauf sind.

Der strafende Gott

Einem Menschen passiert ein Malheur und sofort ergreift ein anderer das Wort und sagt scherzhaft: „Ja, ja, die kleinen Sünden bestraft
der liebe Gott sofort!" Viele Menschen denken, dass Gott ihre Sünden und Fehler kleinkrämerisch zählt und seine heilige Freude daran
hat, mit ihnen bei passender Gelegenheit abzurechnen und das Unrecht zu ahnden. Wie oft habe ich als Seelsorger diesen Satz hören
müssen: „Mich straft der Herr jetzt für meine Sünden!" Mich erinnert das eher an Bürokraten und Politessen. Wer so denkt, der lebt in
ständiger Furcht vor Gott (und verwechselt sie mit der „Gottes-
furcht"). Womöglich hat er sich sogar nur aus Angst vor der Hölle für
ein Leben mit Gott entschieden. Gott wird als Richter gesehen, dem
es unbestechlich um die Erfüllung von Gesetzen geht und um die
Einhaltung von Prinzipien. Er hilft uns nicht, weil wir so unwürdig
sind und es nicht verdient haben. – Solch ein Gottesbild führt zu
Ängsten und erzeugt ein enormes Druckpotenzial. Es verhindert
jede vertrauensvolle Beziehung.

Der abwesende Gott

Für viele Menschen ist Gott einfach unheimlich weit weg. Er ist nicht
da. Er kommt in ihrem Alltag nicht vor. Vielleicht mag es ihn ja geben; vielleicht war er vor Anbeginn der Zeiten einmal da, als „intelli-
gent designer" und Architekt des Weltalls. Vielleicht hat er der Evolu-
tion den alles entscheidenden Anstupser gegeben. Aber irgendwie
muss er dann doch weggegangen sein und ist jetzt nicht mehr konkret zu fassen. Unbekannt verzogen. Wenn man betet, hat man das
Empfinden gegen eine Mauer zu sprechen. Er selber meldet sich
auch nicht mehr. Er hat uns allein gelassen mit der Bescherung dieser Welt. Nun müssen wir selber sehen, wie wir damit klar kommen.
– Wer solch eine Sicht von Gott hat, erwartet nichts mehr vom Glauben. Man lebt rein immanent, ist einsam und auf sich allein gestellt
im unendlichen Kosmos.

Der harmlose Gott

Andere sehen eher den altersschwachen Opa im Schaukelstuhl vor sich, wenn sie an Gott denken. Der Gott der Christen erscheint irgendwie schwach. Er braucht Hilfe von anderen, vielleicht von Maria, von den Heiligen und am besten auch noch von allen Engeln. Womöglich auch von anderen Religionen. Es mag viele Götter da oben geben. Wer weiß, was an Buddha und Allah Wahres dran ist? Führen nicht alle Wege zum Himmel? Glauben wir nicht alle an den einen Gott? Oder zumindest meinen doch alle Religionen das Gleiche? Oder? – Wer solch einem diffusen Gottesbild folgt, der bedient vielleicht religiöse Bedürfnisse und hält das System aufrecht, aber er ist im Herzen Lichtjahre weit entfernt vom echten Glauben an den realen Gott.

Der willkürliche Gott

Man weiß ja nie so recht, woran man bei Gott ist. Heute so und morgen so. Heute kann er dieses wollen und morgen wieder etwas ganz anderes. Ist die Bibel nicht voller Widersprüche? Im Alten Testament führt Gott das Volk Israel sogar in den Krieg und im Neuen Testament heißt es dann wieder, dass wir unsere Feinde lieben sollen. Erst gibt er Abraham einen Sohn und später soll er ihn opfern und am Schluss dann doch wieder nicht... Also, wer kann da noch folgen? Gott macht sowieso was er will. Am besten man hält still und gibt sich in sein Schicksal. Wer weiß, vielleicht ist ja alles vorherbestimmt und wir denken nur, dass wir einen freien Willen hätten? – So ungefähr sieht dieses falsche Gottesbild aus. Es klingt ganz demütig, aber dahinter stecken tiefe Rebellion und Anklage gegen Gott. Man ist enttäuscht von Gott und versteht ihn nicht.

Der unpersönliche Gott

Das ist die aktuellste Form, ganz passend für unsere postmoderne Zeit mit ihren esoterischen Sonderangeboten. Man hat nichts gegen Gott und Religion. Man ist ja offen für alles, auch für transzendente Erfahrungen und positive Energien. Aber bitte schön, kein persönliches Gottesbild! Aus dem Zeitalter sind wir längst herausgewachsen. Gott wird als Urkraft verstanden, die es gilt, richtig anzuzapfen und zu gebrauchen, damit es uns Menschen an Leib, Seele und Geist gut geht. Ein himmlisches Mittel zum Zweck. – Wer so glaubt, der bleibt bei sich selber und ist dem freien Spiel der kosmischen Mächte preisgegeben, nach denen er sich ausstreckt.

Diese und andere Gottesbilder werden auf dem Markt der religiösen Möglichkeiten gehandelt. Sie machen krank und verstellen die Sicht für den **wahren Glauben an den einen wahren Gott.** Wir werden uns Ärger einhandeln und als intolerant dargestellt werden, wenn wir heute noch behaupten, **dass es nur ein Original gibt, aber viele Fälschungen.**

Dennoch müssen wir unsere Stimme erheben und unseren Mitmenschen sagen: Es kommt nicht so sehr darauf an, wie wir uns Gott vorstellen, oder wie er uns in menschlichen Traditionen und Religionen vorgestellt wurde – allein entscheidend ist, wie sich Gott uns selber vorgestellt hat in seinem Wort! Das allein ist die richtige Gottesvorstellung! Hier finden wir das vom Himmel legitimierte Original, das wahre Gottesbild!

Heilung durch die Vaterliebe Gottes

Alle falschen und auch krankmachenden Gottesbilder können gesunden durch die Offenbarung, die Jesus in unsere Welt gebracht hat: Gott ist unser liebender Vater! Im Gleichnis vom „Vater mit den beiden Söhnen" in Lukas 15 malt uns Jesus einzigartig vor Augen, wie unser Gott wirklich ist. So wie dieser Vater, so liebt uns Gott! Hier sehen wir den „Prototyp" für Gottes Vaterliebe. Ein Vater, der auf den Sünder sehnsüchtig wartet und ihm entgegenläuft. Die offenen Arme, die hemmungslosen Küsse, die bedingungslose Vergebung, das weite Herz voller Liebe und Annahme! **Genauso liebt uns Gott!** Das konnten die Pharisäer damals nicht ertragen und auch heute noch ruft das den Widerstand der religiösen Gemüter hervor. So nett darf Gott einfach nicht sein! So liebevoll kann er nicht sein, sagen uns unsere Ängste, Zwänge und anerzogenen Lügen! **Dabei wären gerade hier in den Armen des Vater-Gottes die Heilung und Umformung von allen falschen Gottesbildern und schrägen, religiösen Fehlprägungen möglich.**

Persönliche Checkliste:

1. Wie siehst du Gott? Wenn du an Gott denkst, dann fällt dir sofort ein...?

_____

_____

_____

_____

2. Welche Charaktereigenschaften Gottes hast du schon persönlich erlebt?

_____

_____

_____

_____

3. Welche falschen Vorstellungen über Gott hast du bereits in deinem Leben entlarven können?

_____

_____

_____

_____

2. Kapitel

Abba-Vater

Jesus sagt in Matthäus 23, 9: *„Ihr sollt niemanden auf der Erde euren Vater nennen, denn einer ist euer Vater, nämlich der im Himmel!"* Das ist die entscheidende Neuigkeit der Bibel! Das gibt es in keiner anderen Religion der Welt! **Jesus stellt uns Gott vor, so wie unser Gott wirklich ist. Nämlich als einen liebenden Vater!** Dieses Bild von Gott sprengt alle menschlich-religiösen Vorstellungen und passt uns auf den ersten Blick nicht. Das ist doch viel zu einfach, zu naiv, so könnte man meinen. Ein Gott, der fähig ist, die komplexen Zusammenhänge eines ganzen Universums zu kreieren und dann noch zu steuern, der hätte gewiss ein etwas anderes Gottesbild verdient. Zu ihm würde eher ein gigantomanischer Thron passen, der Habitus eines Obergelehrten oder ein abgespaceter Astral-Tempel. Worte wie „Großer König, All-Herrscher, Dominator, Allwissender" würden ihm besser stehen, aber doch nicht „Abba-Papa".

Nun lebe ich selber schon so lange mit dieser Offenbarung vom Vaterherzen Gottes und selbst mir geht es immer wieder so, dass ich darüber fassungslos ins Staunen gerate. Unser Gott hat sich entschieden, uns Menschen auf diese Weise nahe zu kommen. So menschlich, so nahe, so irdisch. In meinem Buch „Gottes Vaterherz entdecken" beschreibe ich ausführlicher dieses Geheimnis. Jesus Christus ist für mich die Inkorporation – das Vaterherz Gottes in Person. **Wer Jesus ansieht, der kann Gott direkt ins Vaterherz schauen!** In Johannes 14, 9 hören wir die Worte Jesu: *„Wer mich gesehen hat, hat den Vater gesehen!"*

Aber Jesus lehrte die Menschen nicht nur, dass sie Gott mit einem Vater vergleichen können, sondern Jesus wies sie darauf hin, dass Gott in Wahrheit unser Vater ist. **Gott ist also nicht nur „wie" ein Vater, quasi als Metapher, sondern er ist es tatsächlich, in Realität, er ist der Ursprung unseres Daseins!** Diese Aussage hat etwas Revolutionäres, damals wie heute. Denn Jesus geht sogar noch einen Schritt weiter. Nicht nur, dass er Gott mit „Vater" betitelt und sich selbst damit zum „Sohn Gottes" erklärt – das alleine hätte schon die geballte Wut der Pharisäer hervorgerufen – nein, er betet auch noch „Abba, lieber Papa" (siehe Markus 14, 36), wie es die kleinen Kinder tun; wie man es nur tun darf, wenn man ganz und gar in der Liebe eines Vaters geborgen ist. Wenn Gottes tiefstes Wesen seine Vaterschaft ist, wenn man unter allen Attributen der Welt keine bessere Bezeichnung für ihn finden kann als „Abba-Vater", dann müssen wir noch einmal genauer hinschauen, was er uns damit sagen will.

Abba – das ist mehr als eine Bezeichnung

Wenn man heutzutage nach Israel fliegt und dort durch die Straßen geht, dann hört man bestimmt irgendwo ein paar Kinder rufen: „Abba, Abba!" Dieses Wort taucht überall im Alltag Israels auf und erweckt keine besonders heiligen Assoziationen. **Das Wort „Abba" ist eine Koseform für das Wort „Vater" und müsste übersetzt werden mit: „Papa".** Es ist aus der Umgangssprache entnommen, also kein perfektes Hochhebräisch. Damit wird deutlich, es geht um mehr als um eine Bezeichnung oder einen Titel Gottes. **In diesem kleinen Wort stecken soviel Nähe, Beziehung und Zärtlichkeit, soviel Schutz, Liebe und vertrauter Umgang.** Man nennt niemanden „Abba", der sich sexuell an seinen Kindern vergeht oder im Alkoholrausch seine Kinder schlägt. Solch ein Mensch mag zwar äußerlich der Vater im Sinne des Erzeugers sein, aber er hat das Herz eines Vaters verwirkt. Er hat mit seinem Fehlverhalten das Vertrauen der Kinder zerstört und deshalb werden sie nicht mehr zu ihm kommen und sich bei ihm bergen. **Kinder können nur von ganzem Herzen „Abba, lieber Papa" sagen, wenn sie es auch so meinen können.**

Das Wort „Abba" setzt eine gegenseitige, liebevolle Ver-

trauensbeziehung voraus. **Ja, es ist ein Beziehungswort!** Und
das kann unsere verängstigte kleine Seele nicht fassen. Der Schöpfer
des ganzen Weltalls will mit dir und mir auf dieser Ebene zusammenleben: wie ein Vater liebevoll mit seinen kleinen Kindern umgeht, auf
dem Boden herumtollt und sich durchkitzeln lässt. Das Wort „Papa"
fällt in der Regel nicht bei Staatsempfängen, Ordensverleihungen
oder in den Machtzentren von Politik und Wirtschaft. Es hat in unserer Welt nur eine untergeordnete Rolle, rein beschränkt auf die
Privatsphäre. **Aber genau dieses kleine Wörtchen hat die
Macht, uns den Himmel zu öffnen und uns bis auf den Schoß
Gottes zu katapultieren.**

Die Jünger Jesu erspürten diese ungewohnte Nähe zu Gott bei
ihrem Rabbi. Sein ganzes Leben war davon durchdrungen. Es gab
da keinen Unterschied zwischen Alltag und Feiertag. **Jesus lebte
völlig in dieser kindlichen, vertrauensvollen Vater-Sohn-Be-
ziehung.** Das hatte auch Bedeutung für sein geistliches Leben. Er
leistete keine frommen Übungen und Riten nach bloßer Tradition ab
(Markus 2, 27). Der Tempel war das Haus seines Vaters (Lukas 2,
50). Er las die Bibel mit anderen Augen. Dies waren die Worte seines
himmlischen Vaters. Und wenn er betete, dann war er so nahe beim
Vater, dass es die Jünger hungrig machte, die gleiche Gottesbeziehung wie Jesus zu bekommen. So öffnete er ihnen den Raum zum
himmlischen Vaterherzen und lehrte sie beten: „Unser Vater" (Lukas
11, 1-4). Täglich und immer wieder zwischendurch suchte Jesus die
Gemeinschaft mit dem Vater. Schon früh am Morgen ging er an einsame Orte (Markus 1, 35). Er hatte seine gewohnten Plätze (Lukas
22, 39), wo er sich mit dem Vater traf. In diesen Zeiten erlebte er
Ausrichtung, Stärkung und neuen Mut (Lukas 22, 43). Selbst Fasten-
zeiten in der Wüste (Matthäus 4, 1-11) und einsame Einkehrtage auf
Verklärungsbergen (Matthäus 17, 1-8) wurden für ihn zu Quellorten
der Nähe Gottes. **Seine ganze Existenz war so durchdrungen
von dieser Abba-Beziehung,** dass selbst in seinen dunkelsten
Stunden am Kreuz von Golgatha er immer noch den Vater vor Augen sah und zu ihm sprechen konnte: „Vater, vergib ihnen! Denn sie
wissen nicht, was sie tun...Vater, in deine Hände befehle ich meinen
Geist!" (Lukas 23, 34+46).

**Jesu Lebensgefühl war totale Geborgenheit in der Liebe
von Abba-Vater.** Er wusste, dass er immer geliebt sein würde; die
Stimme des Vaters klang noch in ihm: „Du bist mein geliebter Sohn,

an dir habe ich Wohlgefallen!" (Markus 1, 11); und dass er niemals allein sein würde: *„Ich bin nie allein, denn der Vater ist bei mir!"* (Johannes 16, 33).

Abba-Frömmigkeit

Angelehnt an das Vorbild Jesu erkennen wir im Neuen Testament, dass diese Abba-Frömmigkeit zum herausragenden Erkennungszeichen der Christen geworden ist. Paulus schreibt in Galater 4, 6+7: *„Weil ihr aber Söhne seid, sandte Gott den Geist seines Sohnes in unsere Herzen, der da ruft: Abba, Vater! Also bist du nicht mehr Sklave, sondern Sohn, wenn aber Sohn, so auch Erbe durch Gott."*

Und weiter in Römer 8, 14-17: *„Denn so viele durch den Geist Gottes geleitet werden, die sind Söhne Gottes. Denn ihr habt nicht einen Geist der Knechtschaft empfangen, wieder zur Furcht, sondern einen Geist der Sohnschaft habt ihr empfangen, in dem wir rufen: Abba, Vater! Der Geist selbst bezeugt zusammen mit unserem Geist, dass wir Kinder Gottes sind. Wenn aber Kinder, so auch Erben, Erben Gottes und Miterben Christi, wenn wir wirklich mitleiden, damit wir auch mitverherrlicht werden."*

Die neutestamentliche Gemeinde sah sich selbst als eine Familie, in der Gott der gemeinsame Vater ist und die Gläubigen die Geschwister Jesu sind (Hebräer 2, 17). Sie nannten einander „Brüder und Schwestern" (Philipper 4, 1; Römer 16, 1) und gaben sich den heiligen Bruderkuss (1. Thessalonicher 5, 26). Das ließ sie in den Augen ihrer Zeitgenossen vorübergehend verdächtig erscheinen. Aber das Potenzial an Liebe, das in ihrer Mitte freigesetzt wurde, überzeugte doch bald viele kritische Beobachter. Und so begann weltweit das Wachstum dieser genialen Familie Gottes. Wie im natürlich-biologischen Bereich neues Leben aus intimer Zweisamkeit hervorgeht, so brachte (und bringt bis heute) die himmlische Liebe zwischen Abba und seinen Kindern neues Leben als Frucht hervor.

Der wahre Sohn Gottes, Jesus Christus, hat uns mit Gott, dem Vater, durch seinen stellvertretenden Tod am Kreuz versöhnt und uns so zu „Töchtern und Söhnen" gemacht, zu Miterben, zu Teilhabern an dieser herrlichen Nähe und Liebesbeziehung. Die Abba-Frömmigkeit ist ein kostbares Erbe der Kinder

Gottes! Wir können uns diese wunderbare Nähe zu Gott niemals verdienen. Ganz im Gegenteil, unsere Sünde, unsere Fehlverhalten haben uns ein für allemal disqualifiziert. Wir waren wie Waisenkinder, die Gott-Vater in seine himmlische Familie aufgenommen und adoptiert hat durch das Liebesopfer Jesu. Ja, sogar noch mehr – er hat uns durch seinen Tod am Kreuz zu Blutsverwandten gemacht und uns wieder in den Stand eingesetzt, den wir Menschen vor dem Sündenfall hatten. Seine ewige Liebe (Jeremia 31, 3) hat uns ewige Familienzugehörigkeit beim „Ewig-Vater" (Jesaja 9, 6) geschenkt.

Der unbekannte Gott

In Apostelgeschichte 17 lesen wir, wie Paulus in Athen auf dem Areopag einen Tempel für den „unbekannten Gott" findet. Sofort ergreift der Apostel die Gunst der Stunde und verkündet den Griechen, dass er diesen „unbekannten Gott" persönlich kenne. Ja, dass dieser Gott der Schöpfer der Welt ist und alle Menschen liebt, wie ein guter Vater: *„wir sind sein Geschlecht"* (= Familie, Vers 29). Er ist zum Greifen nahe und hat den Preis dafür bezahlt, dass wir zu ihm kommen können, trotz unserer Schuld. Er ließ Jesus, seinen gerechten Sohn, mit dessen Leben persönlich für uns bezahlen. Aber Jesus ist nicht tot geblieben, sondern auferstanden und lebt... Diese Botschaft fand unterschiedliche Resonanz. Die einen lästerten ungläubig, die anderen öffneten bereitwillig ihre Herzen, weil es genau das war, wonach sie ein Leben lang Ausschau hielten.

Mir scheint, dass „Gott als Abba-Vater" auch heute noch zu den unterbelichteten Seiten des Gottesbildes gehört, geradezu wie „ein unbekannter Gott". Viele Christen kennen diese Liebe und Vertrautheit zu Gott gar nicht (oder nur ganz punktuell als Höhepunkte auf Freizeiten und Konferenzen). Sie haben sie nie wirklich tief erfahren und sie wurde ihnen nie nahe gebracht. Also dienen sie Gott so gut es geht und folgen seinen Geboten. Sie versuchen ihr Bestes, aber es reicht irgendwie nicht. Millionen Christen in aller Welt leben unter dieser Bürde, dass sie nicht genügen. Ach, würden doch überall geliebte Töchter und Söhne Gottes aufstehen und diesen vielgeliebten Kindern Gottes den unbekannten „Abba-Vater-Gott" bezeugen. Was würde dann passieren?

Was würde geschehen, wenn Christsein wieder von solch einer Abba-Frömmigkeit geprägt wäre? Wie wäre dann dein Lebensgefühl? Wie würde deine „Stille Zeit" aussehen? Wie würde sich das auf dein Gebetsleben auswirken? Wie würden unsere Gottesdienste verlaufen? Wie wären wohl die Auswirkungen auf die Menschen um uns her? – Ist das alles nur frommes Wunschdenken oder gibt es eine reale Chance, dass sich da etwas ändert?

Es tut sich was im Land...

Ja, das stimmt! – Seit wenigen Jahren erst lebe ich selber in dieser wunderbaren Abba- Beziehung zu Gott. Ich habe sein Vaterherz damals inmitten einer tiefen Lebenskrise entdecken dürfen. Das hat mir mein Leben gerettet (im wahrsten Sinne des Wortes)! Er hat mich so sehr mit dieser Offenbarung angesteckt, dass ich seitdem überall davon weitergeben möchte. Nun durfte ich in den vergangenen Jahren zusammen mit Geschwistern meiner Gemeinde in verschiedenen Kirchen in Deutschland und im Ausland Vater-Seminare und -Konferenzen abhalten. Wir konnten Hunderten (und mittlerweile sogar Tausenden) davon weitererzählen, was der Vater an uns getan hat und haben die Zuhörer konkret mit seiner großen Liebe gesegnet. Das Echo war und ist für uns überwältigend! Überall wo wir hinkommen begegnen wir einem enormen Hunger nach mehr! Ein Wunsch nach mehr Leidenschaft für Gott, mehr Nähe, mehr Authentizität im Christsein, mehr von seiner Kraft im Alltag! Die Rückmeldungen stimmen uns froh. Viele berichten, wie ihnen Gott als Vater persönlich neu oder zum ersten Mal begegnet ist und was das in ihrem Leben auslöst.

Hier soll stellvertretend für viele Irmtraud Lorenz aus Köln zu Wort kommen. Sie berichtet von ihrer bewegenden Begegnung mit Gott als Vater, die sie auf einer Vater-Konferenz im Oktober 2006 in Kirchheim erlebt hat:

Den Schlüssel der Verantwortung abgeben

„Schon in der ersten Lobpreiszeit war der Vater in unserer Mitte gegenwärtig. Ich hatte ein Bild, wie ich vor ihm stehe mit einem großen

Schlüssel in der Hand. Es war so ein selbst gebastelter Pappschlüssel, wie ich ihn immer unseren Kindern am 18. Geburtstag überreicht hatte. Er symbolisierte die Übernahme der Verantwortung für ihr eigenes Leben, auf das wir sie ja schrittweise vorbereitet hatten.

Während zwei unserer Kinder zugegriffen hatten, mit so einer „Ja, endlich Stimmung", äußerte eins unserer Kids dabei: „Ich wünschte, ich könnte Kind bleiben".

Ich nahm den Schlüssel damals nicht zurück, aber versicherte ihm, dass es immer unser Kind sein würde, wir ihm weiterhin mit Rat und Tat zur Seite stehen würden und dass unsere Tür immer für es offen sei.

Nun stand ich selber mit diesem Schlüssel in der Hand vor dem himmlischen Vater und er sagte zu mir: „Wenn du willst, kannst du diesen Schlüssel an mich zurückgeben." Was für ein Angebot! Ohne zu zögern legte ich den Schlüssel in seine Hand. Augenblicklich fühlte ich, wie Lasten von mir abfielen: Lasten der Verantwortung. Ich hätte Verantwortung zuvor nie als eine Last definiert oder das Gefühl gehabt, daran schwer zu tragen – aber in diesem Moment spürte ich, wie sehr sie mich bedrückt hatte. Nun kam eine Freiheit und Leichtigkeit über mich und gleichzeitig eine Sicherheit und Geborgenheit, die einfach unbeschreiblich ist. Ich durfte wieder Kind sein, mein Papa würde ab jetzt für alles Verantwortung übernehmen. Er würde auch für alles gerade stehen, wann immer ich etwas verbockt hätte. Was für ein Lebensgefühl!

Schon sehr früh in meiner Kindheit musste ich Verantwortung übernehmen, vor allem für meine bis zu zehn Jahre jüngeren Geschwister. Und da noch preußisches Blut in meinen Adern fließt, waren Gewissenhaftigkeit und Pflichtgefühl sehr ausgeprägt.

Obgleich meine Eltern mir immer viel zugetraut hatten, was mein Selbstvertrauen stärkte, hatte es mich aber auch kindlicher Freuden und unbekümmerten Spielens beraubt.

Aber jetzt war ich die Verantwortung und den Druck los, ja auch das Sorgen war ich los, stellte ich bald darauf fest. Denn wir sorgen uns ja immer um die Dinge oder Menschen, für die wir Verantwortung tragen. In den nächsten Tagen machte ich mir einen Spaß daraus, mich an alles Mögliche zu erinnern, um das ich mich sonst gesorgt habe – nur um immer wieder dieses schöne Gefühl zu erleben: du kannst dich gar nicht mehr sorgen. Bin ich die Verantwortung los, bin ich auch die Sorgen los.

(Und mache ich mir irgendwann wieder Sorgen, dann habe ich mir wahrscheinlich den „Schlüssel" zurückgeholt – und brauche ihn nur wieder abgeben beim Papi.)

Am nächsten Tag in der Lobpreiszeit sangen wir ein Lied vom „Strom des Lebens".

Ich betete darum, dass Gott mich doch mitten in den Strom bringen möchte und „sah" mich dann mitten in der starken Strömung schwimmen. Doch zu meiner Überraschung hatte ich Schwimmflügel und einen Schwimmreifen um. Verblüfft fragte ich Vati, was das zu bedeuten hätte, und fügte dabei auch gleich hinzu, dass ich schon mit 8 Jahren im Schwimmverein gewesen sei – als gute Schwimmerin. Wie ich mir dieses Bild noch verwundert betrachtete, kam eine Frage in mir auf. „Papi, sag mal, wie alt bin ich eigentlich in DEINEN Augen?"

Darauf antwortete er mir: „Du bist so klein, dass ich gut auf dich aufpassen muss. Du bist so groß, dass du mitten im Strom schwimmen kannst und du bist so klein, dass ich dich jetzt nach Hause tragen werde."

Dabei griff er ins Wasser und als er mich herausfischte, hatte ich die Größe einer Dreijährigen. Er wickelte mich in ein Handtuch, nahm mich auf den Arm und machte sich auf den Heimweg.

Eine Dreijährige! In seinen Augen bin ich also eine Dreijährige! Das war noch mal eine Offenbarung! Erwachsene Tochter zu sein, die den Schlüssel der Verantwortung abgibt, ist eine Sache, aber eine Dreijährige zu sein, ist eine andere: dazwischen liegen Welten!

Das Tolle war, ich konnte bei dieser Offenbarung einfach „zupacken" und „fühlte" mich dann auch als Dreijährige. Das kann ich schwer beschreiben, eher an den Auswirkungen.

Am nächsten Morgen bat ich den Vater, mir Nachhilfe darin zu geben, wie ich daheim in meiner Gemeinde als „Dreijährige" meinen Dienst praktisch ausüben kann. Irgendwie schienen mein jetziges Erleben und meine Aufgaben daheim wie zwei Puzzleteile, die noch nicht so recht zusammen passten. Außerdem bat ich um ein Bild (Dreijährige können halt besser Bilderbücher „lesen").

Dann kam in der Predigt das wunderbare Bild, wie wir mit unserem Papa auf der Baustelle sind. Während er das Haus baut, hauen wir überall mit unserem Plastikhammer drauf und am Ende haben wir beide das Haus fertig gebaut. Was für eine anschauliche Dienstbeschreibung!

*Am Nachmittag wurde ich aus meinem Mittagsschläfchen ge-
weckt. Der Heilige Geist erinnerte mich an eine versprochene Fürbitte für meinen Sohn, der genau um diese Uhrzeit einen für ihn wich-
tigen Vortrag in Polen auf einem wissenschaftlichen Symposium zu
halten hatte.*

*Wie können Dreijährige für einen angehenden Doktoranden an-
gemessen beten? Das sagte ich meinem Papi, kletterte auf seinen
Schoß (denn jetzt bin ich auch in MEINEN Augen klein) und bat:
„Würdest du dich bitte um Daniel kümmern?" Er wiegte mich in seinem Arm und erzählte mir dann, wie er schon Vorsorge getroffen
hatte, was er für ihn bereitgestellt hatte usw. Ich konnte nur staunen
und war mächtig stolz auf meinen Papa! So verbrachte ich meine
„Fürbittezeit" auf seinem Schoß und wir genossen einander..."*

**Solche und ähnliche Erfahrungen machen zurzeit Menschen
überall im Land.** Wenn man mit wachen Augen durch die Welt
geht, kann man sie vielerorts entdecken. Ich habe in den vergangenen Jahren Hunderte von Christen kennen lernen dürfen (aus unterschiedlichen Teilen des Leibes Jesu), die erzählen können, wie sie
Gott als Abba-Vater in ihrem Glaubensleben entdeckt haben.

    Im Reich Gottes findet ein Paradigmenwechsel statt. Über-
all scheint ein tieferes Bewusstsein für die Notwendigkeit zu entstehen, auf die „erste Person der Dreieinigkeit" stärker einzugehen.
Durch die Reformation wurde den Kirchen die Offenbarung von Jesus Christus geschenkt. Und nichts war mehr wie zuvor. Die Offenbarung vom Heiligen Geist kam ausgehend von der pfingstlich-cha-
rismatischen Bewegung und veränderte dann im letzten Jahrhundert
das Angesicht der ganzen weltweiten Christenheit nachdrücklich.
**Nun scheint die Offenbarung vom Vaterherzen Gottes einer
so vaterlosen Gesellschaft und Zeitepoche geschenkt zu werden.** Es entstehen neue Vater-Lieder. Neue Vater-Bücher werden
geschrieben (du hältst gerade eins davon in Händen). „Gottes Vaterherz" steht auf der Agenda Gottes ganz weit oben. Ich kann schon
ein zartes Grün nach einem langen Winterschlaf erkennen. **Diese
Offenbarung vom Vaterherzen Gottes hat die Macht, laue und
halbherzige Nachfolge in eine beglückende, passionierte Gottesbeziehung mit Ausstrahlungskraft zu verwandeln!**

Persönliche Checkliste:

1. Mit welchem Namen sprichst du Gott in der Regel an?

_____

_____

_____

_____

2. Welche Eigenschaften eines Vaters sind dir besonders wichtig?

_____

_____

_____

_____

3. Was macht das mit dir, wenn du Gott „Abba, lieber Papa" nennst?

_____

_____

_____

_____

3. Kapitel

Freundschaft mit Gott

Du bist unüberbietbar in allem, was du bist und was du tust.

Du bist größer als der ganze Kosmos mit seinen ungezählten Milchstraßen und Galaxien.

Die Bekanntschaft mit dir ist mir bedeutender als irgendeine Auszeichnung dieser Welt – wertvoller als ein Nobelpreis oder eine olympische Goldmedaille.

Du bist mächtiger als alle Herrscher zusammen, die jemals auf unserer Erde gelebt haben.

Deine Worte sind Wahrheit und Weisheit, tiefer als Gelehrte und Wissenschaftler es denken könnten.

Deine Pläne sind richtig und heilsam.

Es ist dir unmöglich, einen Fehler zu machen.

Du bist einfach vollkommen. Simply the best!

Du bist schöner als die herrlichsten Blumen, beeindruckender als die gewaltigsten Naturschauspiele, prachtvoller als die berühmtesten Sehenswürdigkeiten auf diesem Planeten.

Die ganze Natur, in der Fülle ihrer Spielarten, in der Buntheit ihrer Formen, Farben und Klänge, kann dich in deiner Schönheit nicht überbieten.

Deine Herrlichkeit und Majestät sind atemberaubender als ein Feuerwerk, prunkvoller als das rauschendste Fest, glanzvoller als der ganze Himmel voller Sternengefunkel.

Unbeschreiblich ist deine Würde.

Unvergleichlich ist deine Macht – deine Macht, mit der du über alles herrscht.

Keiner besitzt soviel Taktgefühl und Sensibilität wie du.

Nichts bleibt dir verborgen, niemand kann tiefer schauen als du.

Kein Arzt, kein Therapeut vermag so zu helfen, keine Medizin ist stärker als deine heilende Gegenwart.

Ein Augenblick in deiner Nähe ist wichtiger als Audienzen und Konsultationen bei den wichtigsten Persönlichkeiten, die je unsere Menschheit hervorgebracht hat.

Deine Freundschaft spendet Leben, verleiht neuen Mut, schenkt Kraft zum Überwinden.

Ja, Kraft – niemand hat soviel Kraft wie du, mein Vater!

Du bist der Aller-Aller-Stärkste!

Du besitzt mehr Energie als Atom, Wasser, Sonne und Wind zusammen produzieren könnten.

Du gebietest über Sonnensysteme und über Atome.

Das Ganzgroße und das Winzigkleine sind beide unter deinen Augen.

Es ist abenteuerlich mit dir zu leben, bei dir gibt es keinen Stillstand, niemals Langeweile und auch keinen Mangel.

Nichts kann deine Allmacht und Wunder übertreffen.

Ich kenne keine faszinierendere Person als dich, mein Abba-Vater.

Du bist kreativer als alle Künstler, voll Harmonie und Symphonie, Anmut und Zärtlichkeit. Unübertroffen im Geschmack und Design, in der Zusammenstellung von Stilen und Tönen.

Dein Reichtum an Gedanken und Erfindungen ist unermesslich, unausschöpflich, übersprudelnd.

Du bist neu, immerzu neu und doch unveränderlich, du bleibst dir selbst gegenüber treu.

Dein Wesen ist voller Güte, Barmherzigkeit und Freundlichkeit.

Dein Charakter ist wahrhaftig und klar.

Keiner besitzt soviel Demut, Hoffnung, Geduld und Mut wie nur du.

Deine Entscheidungen sind gerecht und niemals willkürlich.

Deine Ordnungen schützen Leben, sie sind älter als die Menschenrechte und irdischen Paragrafen. Sie gelten auch dort noch, wo der Arm des Gesetzes nicht mehr hinkommt.

Deine Hand hält die Macht des Bösen zurück. Niemand hat die Abgründe menschlicher Perversion und Grausamkeiten der Menschheitsgeschichte so studiert wie du.

Du bist der Einzige, der wirklich Überblick hat und auch der Einzige, der mit der Macht des Bösen, der Schuld und sogar dem Tod fertig werden kann.

Du bist die humorvollste Person im ganzen Universum. Kein interessantes Gespräch, keine Unterhaltung, kein Verliebtsein könnte beglückender sein als deine Gemeinschaft.

Du strahlst Ruhe aus. Du hörst genau zu und achtest dein Gegenüber. Noch nie hat mir jemand soviel Würde und Achtung verliehen wie du.

Noch nie konnte ich so sehr der Mensch sein, der ich ganz tief drinnen wirklich bin, als nur bei dir.

Du bist vertrauenswürdig, verständnisvoll, eine Begegnung mit dir ist bedeutender als Vorlesungen an der Universität bei den berühmtesten Professoren, beeindruckender als Reisen in die exotischsten Länder, ist wichtiger als die Entdeckung Amerikas oder ein Flug zu weit entfernten Planeten.

Wenn ich nur bei dir bin, brauche ich kein anderes Glück mehr suchen.

Kein Mensch, kein Beruf, kein Urlaub, kein Haus, Auto oder anderer materieller Besitz vermag mir das zu geben, was nur du mir alleine gibst.

Wenn ich dich habe, dann kann ich nichts mehr verpassen, dann komme ich nie mehr zu kurz.

Denn du bist mein Vater. Ein Vater, wie ihn die Welt noch nie gesehen hat.

Ein Vater aller Menschen. Der seine Kinder mehr liebt als sein eigenes Leben.

Niemand liebt mich so wie du! Niemand sonst ist für mich aus Liebe gestorben.

Deine Liebe ist das größte, fantastischste, unglaublichste, schönste, unbeschreiblichste, unverständlichste, unüberbietbarste, unfassbarste, extravaganteste Geschenk, das mir jemals gemacht wurde.

So bist du, mein Vater-Gott, und noch mehr...mehr...mehr!

Papa, du bist der Allergrößte!

Gott sucht Freunde

Wahrscheinlich sind diese Aussagen für manchen Leser nur schwer zugänglich. Zum einen, dass man so von Gott „schwärmen" kann. Und dann soll man noch „eine Freundschaft mit dem Vater" haben. Für viele ist das undenkbar, nach allem, was sie durch ihre irdischen Väter (und Mütter) erlitten haben. Auch die Aussage, dass Gott Freunde sucht, passt uns nicht – so als ob er uns nötig hätte. Aber bevor du mit einer Handbewegung (nämlich dem Zuklappen des Buches) dir dies Ärgernis aus dem Wege schaffst, bitte ich dich doch, mit mir zusammen ein paar Bibelstellen anzuschauen.

Wie verstehst du diese Worte Gottes?

- *„Und Gott sprach: Lass uns Menschen machen in unserem Bild, uns ähnlich..."* (1. Mose 1, 26)
  Gibt es da etwas, was uns mit Gott tiefer verbindet als nur die Tatsache, dass er unser Erfinder ist?
- *„Und Noah lebte mit Gott"* (1. Mose 6, 7)
  Das Wort, das hier steht, bedeutet im Originalton: „beständig miteinander gehen". Woran erinnert dich das?
- *Abraham wird ausdrücklich „Gottes Freund" genannt (2. Chronik 20, 7; Jesaja 41, 8; Jakobus 2, 23) und Paulus weiß in Galater 3, 6 zu berichten, dass Gott Abrahams Vertrauen besonders schätzte.*
  Was qualifizierte diesen Mann für eine Freundschaft mit dem Allerhöchsten?
- *„Und der Herr redete mit Mose von Angesicht zu Angesicht, wie ein Mann mit seinem Freund redet..."* (2. Mose 33, 11)
  Gott redet zu einem Freund. Wie sprechen Freunde miteinander?
- *In 1. Samuel 13, 14 steht über König David: „Der Herr hat sich einen Mann gesucht nach seinem Herzen." Gott liebte besonders sein ungeteiltes Herz (1. Könige 15, 3).*
  Was war das Besondere an der Beziehung zwischen David und seinem Gott? Fallen dir dazu Psalmen und Geschichten ein?
- *In 2. Chronik 16, 9 finden wir folgende erstaunliche Aussage: „Des Herren Augen durchlaufen die ganze Erde, um denen treu beizustehen, deren Herz ungeteilt auf ihn ausgerichtet ist."*
  Könnte das bedeuten, dass unser Gott Ausschau hält nach treuen Menschen?

- *König Salomon bekommt von Gott höchstpersönlich einen Kosenamen, nämlich „Jedidja" (2. Samuel 12, 25), was „Freund, Geliebter des Herrn" bedeutet, oder noch genauer, „mein Liebling".*
  Kann Gott etwa Lieblinge haben? Gibt es Menschen, die ihm näher stehen als andere?
- *Daniel wird von Gott in Daniel 10, 4+19 mit „du Vielgeliebter" angesprochen. Was für eine Begrüßung?!*
  Wie spricht Gott dich an? Was will er dadurch zum Ausdruck bringen?
- *Bei Jesu Taufe redet der Vater aus der unsichtbaren Welt: „Du bist mein geliebter Sohn, an dir habe ich Wohlgefallen gefunden" (Markus 1, 11)*
  Wie sah die Beziehung aus, die der Vater im Himmel zu Jesus hatte? Wie lebten die beiden miteinander?
- *Der Apostel Johannes schreibt über sich selber: „der Jünger, den Jesus liebte und der an seiner Brust lag." (Johannes 21, 20)*
  Ist das nicht etwas zu gefühlsbetont für einen Mann? Warum nur diese Nähe?
- *Paulus machte folgende Erfahrung, die er im 1. Korinther 2, 9 wiedergibt: „Was kein Auge gesehen und kein Ohr gehört hat und in keines Menschen Herz gekommen ist, das hat Gott denen bereitet, die ihn lieben."*
  Was meint er wohl damit? Gibt es da etwa Geheimnisse, die Gott nur mit seinen Freunden teilt?
- *Und so könnte ich fortfahren mit Josua, Gideon, Hiob, Jesaja, Nehemia, Ruth und Esther, mit Maria und Josef, Petrus und Maria Magdalena und wie sie alle heißen mögen...*

Was fand nur Gott an diesen Typen? Warum konnte er sich für sie so begeistern? Weshalb beschenkte er sie mit Gelingen trotz ihrer unverkennbaren Macken und Sünden? Ich glaube, er liebte sie so sehr, dass er sie mit anderen Augen sah. **Mit den Augen eines Vaters, mit den Augen eines Freundes!**

Liebe nicht von dieser Welt

Jesus sagt in Johannes 15, 9-17: *„Wie der Vater mich geliebt hat, habe auch ich euch geliebt. Bleibt in meiner Liebe! Wenn ihr meine*

Gebote haltet, so werdet ihr in meiner Liebe bleiben, wie ich die Ge-
bote meines Vaters gehalten habe und in seiner Liebe bleibe. Dies
habe ich zu euch geredet, damit meine Freude in euch sei und eure
Freude völlig werde. Dies ist mein Gebot, dass ihr einander liebt, wie
ich euch geliebt habe. Größere Liebe hat niemand als die, dass er sein
Leben hingibt für seine Freunde. Ihr seid meine Freunde, wenn ihr
tut, was ich euch gebiete. Ich nenne euch nicht mehr Sklaven, denn
der Sklave weiß nicht, was sein Herr tut; euch aber habe ich Freunde
genannt, weil ich alles, was ich von meinem Vater gehört habe, euch
kundgetan habe. Ihr habt nicht mich erwählt, sondern ich habe euch
erwählt und bestimmt, dass ihr hingeht und Frucht bringt und eure
Frucht bleibe, damit, was ihr den Vater bitten werdet in meinem Na-
men, er euch gebe. Dies gebiete ich euch, dass ihr einander liebt!"

Viele können diese Worte Jesu nur mit angstverzerrter Miene lesen. Sie hören zwar darin die Gute Nachricht, dass Jesus uns seine
Freundschaft schenkt. Aber sie verwerfen gleich wieder ihre Freude,
weil es doch unerreichbar fern scheint. Schließlich hat er seine Freundschaft an eine Bedingung geknüpft. Also doch wieder Liebe für Leistung? Lasst uns noch einmal genau hinhören. Jesus sagt, dass wir nur
seine Freunde sein können, wenn wir seine Gebote halten. Bedeutet
das nun, dass Sünder/Chaoten/„Normal-Unperfektos" schlechte Kar-
ten bei ihm hätten? – Nein! Ich verstehe die Worte Jesu anders: Er
sagt, wir sollen die Gebote Gottes einhalten. Und das größte Gebot
ist, Gott zu lieben und unsere Nächsten wie uns selbst. Darauf spielt
er hier gleich zweimal an. Aber vorher sagt er noch in *Johannes 15, 5:*
„...ohne mich könnt ihr nichts tun!" Dann fügt er hinzu, wie die größte
Liebe aussieht, zu der ein Mensch unter bestimmten Umständen fähig ist – wenn jemand sein Leben für einen Freund lässt.

Betrachten wir diese beiden Aussagen zusammen, ergibt sich folgendes Bild: **Wir können gar nicht Gottes Gebote aus uns selbst**
heraus erfüllen. Wir haben nicht genug Liebe für Gott, für ein-
ander oder gar für uns selber. Deshalb brauchen wir so sehr
die Liebe Jesu. Das ist die Liebe des Himmels. Nicht die Liebe von
dieser Welt. Denn Jesus starb nicht für seine edlen Freunde, sondern
für uns, als wir noch seine Feinde waren. In Römer 6, 8 lesen wir:
„Gott erweist seine Liebe zu uns darin, dass Christus, als wir noch
Sünder waren, für uns gestorben ist." **Jesus hat uns also mehr ge-**
liebt, als je ein Mensch uns lieben könnte! Das ist die verkör-
perte Liebe des Vaters für jeden Menschen auf der Welt!

Wir brauchen unbedingt seine Liebe! **Wir halten seine Gebote, wenn wir diese Liebe empfangen und uns damit füllen lassen, bis wir überfließen.** Dann lieben wir nicht mehr aus unseren eigenen, mickrigen Reserven heraus, sondern aus seiner Fülle. Und wenn wir das tun – uns beständig von ihm lieben zu lassen und selber ein Kanal für diese Liebe zu werden – dann passen wir zu Jesus, denn er hat bei seinem Einsatz auf der Erde auch nichts anderes getan. So hat auch er das Gebot des Vaters erfüllt. Er hat Liebe empfangen und weitergegeben, empfangen und weitergegeben... **Und wenn wir zu Jesus passen, dann können wir in der gleichen Freundschaft mit dem Vater leben, wie der Sohn es tat. Das ist vollkommene Lebensfreude! Da ist solch eine vertraute Nähe, dass es keine Geheimnisse mehr gibt!** Wir können zwar noch nicht alles begreifen, aber wir haben freien Zugang, darauf kommt es an.

So treten wir aus einer sklavischen Frömmigkeit heraus, hinein in die herrlich-befreiende und fröhliche Freundschaft mit dem Vater. Es gibt leider noch zu viele Töchter und Söhne, die im Vaterhaus der Liebe wohnen, aber mit der bitteren, knechtischen Gesinnung des „älteren Bruders" aus Lukas 15 in ihren Herzen: „Für mich hast du nie ein Fest gemacht! Immer muss ich für dich arbeiten! Die besten Jahre meines Lebens gebe ich dir und was bekomme ich dafür? Noch nicht einmal einen Mann..., eine Arbeitsstelle etc.!" So fühlen Sklaven, aber keine Freunde. Wenn du solche Bitterkeit in deinem Herzen wieder findest, dann lass dich von Abba rufen. **Vielleicht hast du noch nie Gottes Vaterherz berührt und dienst lediglich einem Schatten von dem was Gott wirklich ist! Höre doch, er ist dein liebender Vater und Freund!**

Die Zutaten einer Freundschaft

Nun sage mir einer, wie man mit einem Unsichtbaren und dann noch mit Gott – also ich meine mit dem(!) Gott – Freundschaft leben kann. Gibt es denn kein ungleicheres Paar als Gott und Mensch? Wie soll das bitteschön funktionieren? – Ich frage: Wie gelingt denn sonst Freundschaft zwischen Partnern? Was sind die Zutaten einer guten Freundschaft? Untersuchen wir einmal die irdische Variante. Vielleicht lässt sich ja etwas davon auf unsere Freundschaft mit Gott-Vater übertragen?

Zunächst liegen in den meisten Situationen **Interesse, Sympathie oder gar Liebe** vor, wenn zwei Menschen sich stärker auf einander einlassen. Voraussetzung ist immer **gegenseitige Freiwilligkeit.** Jeder wird bestätigen können, dass man Freundschaft nicht verordnen oder erzwingen kann. Entweder es funkt oder es funkt nicht. Und wenn es bei beiden gefunkt hat, dann empfinden wir es als Geschenk und Bereicherung.

Kommunikation ist mitgeteiltes Leben. Freunde sprechen miteinander in Worten, Briefen, Telefonaten, Mails etc. – und selbst wenn sie miteinander schweigen sollten, sprechen noch ihre Augen. Es ist das Geschenk einer Freundschaft, die Welt mit den Augen des anderen sehen zu dürfen.

Zu einer Freundschaft gehört wesentlich **Treue und Verbindlichkeit**, sonst stirbt das Pflänzchen. Man muss sich auf den anderen verlassen können. Erfahrene Untreue zerstört die notwendige Vertrauensbasis und bedeutet in den meisten Fällen das vorzeitige Aus.

In einer Freundschaft will man wissen, was man dem anderen bedeutet. Diese Freundschaftsbeweise und Erweise können unterschiedlich ausfallen: **Geschenke, Opfer, Hingabe.** Jedenfalls muss deutlich werden, dass beiden Partnern die Beziehung gleichermaßen wertvoll ist und dass sie es sich etwas kosten lassen.

Ohne **Offenheit, Transparenz bis hin zur Verwundbarkeit** kann eine Freundschaft nicht weiter wachsen. Mehr noch als geteilte Freude verbinden geteilte Schmerzen miteinander. Auch Niederlagen lassen sich gemeinsam besser ertragen.

Langeweile und Routine sind Killer beim Abenteuer Freundschaft. Das beste Gegenmittel ist **Spontaneität, Kreativität und Gestaltungswille.** Freunde schaffen Gelegenheiten. Sie erfinden oder erobern neue Lebensräume. Sie sind auf der Suche nach Gemeinsamkeiten. Ihre Unterschiedlichkeiten sollen nicht bedrohen, sondern bereichern und ergänzen.

Der **Zeitfaktor** ist das A und O einer Freundschaft. Zeit ist die kostbarste Gabe, die wir Menschen einander hier in unserem bemessenen Erdenleben schenken können. Deshalb ist Freundschaft vornehmlich **geteilte Zeit.**

All diese Zutaten lassen sich auch beliebig auf die Freundschaft zwischen Gott und uns übertragen. Ja, sie müssen sich sogar übertragen lassen, weil sonst Gott nicht unser allerbester Freund sein könnte! Und genau das will er sein!

Wir haben es zwar mit einem unsichtbaren Gott zu tun, aber das heißt noch lange nicht, dass er zu keiner Freundschaft mit uns, seinen Geschöpfen, fähig wäre. Wir können ja auch über Telefon und Internet tiefe Beziehungen aufbauen – das heißt, mit jemand anderem kommunizieren, den wir nicht sehen – solange wir wissen, dass am anderen Ende jemand ist, dessen Herzschlag wir hören können. Wenn der Vater uns seine Freundschaft schenkt, dann sind wir gewiss ein ungleiches Paar. Aber Gegensätze ziehen sich bekanntlich an. Die meisten Ehepaare, mit denen meine Frau und ich befreundet sind, würden das bestätigen können. **Gibt es einen größeren Unterschied als Männer und Frauen?! Und doch ist Liebe zwischen uns möglich, oder? So ist auch Liebe und tiefe, echte Freundschaft zwischen dem unsichtbaren Gott und uns „Adamssöhnen und Evastöchtern" möglich!**

Nun gut, dann schauen wir mal, ob wir die Zutaten einer Freundschaft auch bei Gott finden können.

Es gibt niemanden, der solch ein großes Interesse an uns hat wie unser Gott. Er hat sein Ja-Wort zu uns gesprochen: „Ich lebe und du sollst auch leben!" (siehe Johannes 14, 19), sonst wären wir gar nicht hier. Allein die Tatsache unserer Existenz zeigt deutlich an, dass der Vater uns wollte. Und mehr noch, dass **er uns liebt mit seiner reinen, perfekten Agape-Liebe.** Das Leben Jesu ist der beste Beweis dafür.

Unser himmlischer Vater ist ein ausgezeichneter Kommunikator. Im Anfang war das Wort – das heißt, von Anbeginn hat er sich uns mitgeteilt. Wir haben sein Reden in der Bibel; wir haben die leise Stimme des Heiligen Geistes in unseren Herzen; wir haben die Gemeinschaft der Geschwister; wir haben seine Führungen durch Umstände; und nicht zuletzt durch die „Zufälle des Himmels", die er uns zufallen lässt.

Gott ist treu, auch wenn wir untreu sein sollten (was wir leider häufig sind). Er macht seine **Treue** nicht von unserer Tagesform abhängig. Und selbst derbe Tiefschläge stimmen ihn nicht um.

Seine **Geschenke und Liebesopfer** sind nicht zu überbieten. Niemand kann uns mehr beschenken als Jesus mit seinem stellvertretenden Tod am Kreuz auf Golgatha. Und als ob das nicht genug sei, öffnet er seine Schatzkammern und gibt uns freien Zugang zu allen Segnungen der Himmelswelt. Wir sind durch seine Liebe himmelreich gemacht.

Auch wollte er keine Geheimnisse vor uns haben. **Wir dürfen Anteil nehmen an allen Gedanken und Empfindungen Gottes.** Ich kenne Menschen, die sich mit der Aura des Geheimnisvollen umgeben, um interessanter zu wirken. So ist unser Gott auf keinen Fall. **Er lässt sich in Jesus mitten in sein Herz blicken.**

Im ganzen Universum gibt es keine beeindruckendere Persönlichkeit als unseren Vater-Gott. Er steckt voller Ideen und göttlicher Geistesblitze. Er ist der kreative Meisterkünstler, bei dem es in Jahrtausenden nie langweilig wurde. Er schafft es, Milliarden von Menschen so zu lieben, dass sich jeder in seiner Einzigartigkeit wertgeschätzt weiß.

Und er hat alle Zeit der Welt. Zeit, die er mit uns zusammen verbringen möchte. Er, der Ewige, neigt sich herab in Zeit und Raum, wird klein, um mit uns kompatibel zu werden. So sehr begehrt er unsere Nähe.

Aber eine Sache wird er niemals tun, um unsere Freundschaft zu erlangen. **Er wird uns niemals dazu zwingen. Er sucht unsere Freiwilligkeit. Er hat sich zuerst für uns entschieden. Nun wartet Gott auf unsere Antwort. Er will unsere freiwillige Entscheidung!** Und selbst wenn wir seine Freundschaft ausschlagen, wird er uns weiterhin lieben. Er kann und will es nicht anders, weil er die Liebe in Person ist.

Zerbrochene Träume und Ideale

Auf meinen Reisen begegnen mir viele Menschen jedes Alters, die sich einen Freund wünschen und die sehr gegen Vereinsamung ankämpfen. Unsere Hightech-Medien-Gesellschaft scheint unter einer flächendeckenden Kommunikationsarmut zu leiden. Wir erreichen zwar ferne Planeten, aber wir wissen nicht recht, wie wir Beziehungen zu unseren Nächsten aufbauen können. Ein Blick auf eine Internetseite für Singles macht es offenkundig: Tausende suchen den Traumpartner fürs Leben. **Da ist dieser laute Schrei: „Ich suche einen Freund! Einen, der bedingungslos zu mir steht. Der mich festhält in den Stürmen des Alltags. Der meinem kleinen Leben Bedeutung einhaucht. Der mir das Gefühl gibt, dass ich wirklich lebe. Der mich meinen Körper spüren lässt und meiner Seele gut tut.“**

Als Seelsorger kenne ich diese Nöte aus Begegnungen und Gesprächen. Viele sind derartig ausgehungert nach Liebe, dass sie bereit wären, für ein „Linsengericht" alles aufzugeben, nur um die ersehnte Freundschaft oder Partnerschaft zu bekommen. Natürlich wünsche ich jedem Menschen einen passenden und liebevollen Ehepartner als Gegenüber. Aber wir dürfen nicht Utopisten sein und die Augen vor den Realitäten verschließen: es gibt leider nicht für jeden Alleinstehenden auf dieser Welt einen Traumpartner! Bei einem „Überhang" von Frauen in der westlichen Welt; bei einer Bevölkerungsentwicklung, bei der immer mehr Menschen älter werden und vielfach Frauen ihre Männer überleben; bei einer rasant steigenden Zahl von Geschiedenen, die oftmals lebenslang unter der zerbrochenen Partnerschaft leiden und nicht mehr fähig werden, wieder neu zu vertrauen – und überhaupt, bei einer immer stärker werdenden Beziehungsunfähigkeit.

Ich schreibe das nicht leichtfertig, aber gerade auch aus diesem Grund ist die Offenbarung von Gottes Vaterliebe so immens wichtig für die Zeit, in der wir leben. **Mitten hinein in eine weit klaffende Wunde von Einsamkeit streckt der Vater seine heilenden Hände aus und sagt: „Du, ich will dein Freund sein! Ich will dich aus deiner Einsamkeit herauslieben!"**

Niemand soll entmutigt werden, weiter für einen Partner zu glauben und zu beten. Es ist absolut normal, sich ein menschliches Gegenüber zu wünschen. Doch jedem von uns sollte bewusst sein, dass Menschen allein uns niemals das geben können, wozu nur Gott im Stande ist! Nur er kann den tiefen Mangel an Liebe in uns ausfüllen. **Das ist die gute Nachricht für alle Einsamen: „Abba-Vater will mit seiner Freundschaft so real in dein Leben kommen, dass er echten Bedürfnissen auch erfahrbar begegnen wird."** Das ist keine billige Vertröstung oder frommer Klebstoff für zerbrochene Herzen. Ich bin davon überzeugt, dass diese Wirklichkeit sich mehr und mehr ausbreiten wird. Wir dürfen gespannt sein auf die Berichte von Menschen, die erzählen werden, wie unser Vater-Gott es geschafft hat, sie aus Gefängnissen der Isolation zu holen. **Seine Vaterliebe kommt genau rechtzeitig in eine Welt, in der die Liebe erkaltet und die Einsamkeit überhand nimmt.**

Persönliche Checkliste:

1. Wie lebst und erlebst du Freundschaften?

_____

_____

_____

_____

2. Welche zerbrochenen Freundschaftsideale liegen dir noch quer im Weg?

_____

_____

_____

_____

3. Bist du bereit für eine (noch tiefere) Freundschaft mit dem unsichtbaren Gott?

_____

_____

_____

_____

4. Kapitel

Wo wir Leben finden können

Mein Schlüsselvers

Ich erzählte bereits, wie ich durch das Wort Jesu aus Johannes 14, 6: *„Ich bin der Weg, die Wahrheit und das Leben; niemand kommt zum Vater, denn durch mich!"* vor vielen Jahren zum lebendigen Glauben an Gott fand. Dieses Bibelwort hat mich durch alle Jahre meines bisherigen Lebens begleitet und gesegnet. Eigentlich dachte ich, dass ich es schon verstanden hätte. In den Vater- Seminaren sage ich oft, dass ich die erste Hälfte meines Lebens die erste Hälfte dieses Verses erlebt und gelebt habe, nämlich: **Jesus ist der einzig wahre Weg zum ewigen Leben!** Nun wusste ich, wer Jesus ist und was er am Kreuz für mich getan hat. Tiefe Dankbarkeit erfüllte mich, wenn ich an seinen Tod dachte. Das tat er aus Liebe für mich! Und dennoch, obwohl ich mit Jesus lebte, ihm nachfolgte und diente, brannte ich aus, wie eine Kerze. Ich lebte weite Strecken meines Christseins unter dem Verdammnisgefühl, nicht auszureichen. Ich klagte mich an: „Du hast nicht genug gebetet; du hast nicht genug Menschen zu Jesus geführt; du hast nicht genug in der Bibel gelesen; du hast nicht genug geliebt...!" Immer wieder kroch ich zum Kreuz und flehte um Gnade, weil ich es wieder einmal nicht geschafft hatte. Selbst wunderschöne Erfahrungen mit dem Heiligen Geist und seinen Charismen konnten nur phasenweise den tiefen Schmerz in mir überlagern, einfach nicht zu genügen. Also arbeitete ich noch härter, versuchte es noch besser zu machen. Es kam, wie es kommen

musste, mein Leben und auch mein Dienst als Pastor gerieten in
eine tiefe Ermüdung und Sinnkrise.

**Mitten im Scherbenhaufen meiner zerbrochenen Träume
und Ideale sah ich ein neues Bild von meinem Gott: ich sah
sein Vaterherz!** Und auf einmal hörte ich das Wort aus Johannes
14, 6 mit anderen Ohren. Diesmal hörte ich Jesus sagen: **„Ich bin
der Weg zum Vater, denn nur beim Vater ist das echte Leben
zu finden! Komm und stehe auf, gehe weiter. Gehe durch mein
Kreuz hindurch. Das ist die Tür zum Vaterhaus meiner Liebe.
Bleibe nicht draußen vor der Tür liegen. Komm herein. Komm
ganz nahe zum Vater! Hier ist das Leben, nach dem du immer
gesucht hast!"**

Die Offenbarung von seiner Vaterliebe hat mein Leben auf ein
völlig neues Fundament gestellt und das Koordinatensystem meiner
kleinen Welt neu geordnet. Ich brauche mir nicht mehr länger seine
Liebe zu verdienen. Er liebt mich, weil er mich liebt! Meine **Identität
ist jetzt: ich bin ein geliebter Sohn Gottes! Ich bin nur einer
unter Milliarden, aber ich bin ein Freund von Abba-Vater!
Jetzt will ich den Rest meines Lebens dafür einsetzen, zum
Vater zu kommen. Bei ihm zu sein und zu bleiben.** Die Freundschaft mit ihm zu genießen und möglichst viele Menschen einzula-
den, mit auf seinen Schoß zu kommen. Ganz nahe an sein Vaterherz.
Dort, wo auch mein Herz wieder neu zu schlagen anfing. Denn dort
ist das Leben zu finden!

Die drei Türen

Wie gesagt, ich dachte, ich kenne Johannes 14, 6 in- und auswendig.
So geht es einem öfters, wenn man den Wald vor lauter Bäumen
nicht sieht. Ich hatte mich an diese vertrauten Worte so gewöhnt,
dass ich die tiefe Botschaft Jesu darin gar nicht mehr hörte und
wahrnahm. Ich war wie immunisiert gegen die Wahrheit, weil ich nur
oberflächlich verstanden hatte. Manchmal ist das Gute der Feind des
Besseren. Hast du die Botschaft gehört?

Mir klangen die Worte Jesu immer etwas philosophisch. Wenn
ich mir vorstelle, da tritt einer vor eine Menschengruppe und sagt:
„Ich bin der Weg, die Wahrheit und das Leben!" – entweder redet
der in philosophischen Kategorien (...mit anderen Worten, keiner

kann ihm folgen) oder er leidet unter Wahrnehmungsstörungen (und sollte aufpassen, dass nicht gleich die Männer mit der weißen Jacke kommen). Natürlich ergaben diese Worte einen Sinn für mich, der ich das Ende der Geschichte von Golgatha kannte. Aber auf die Zuhörerschaft damals, einfache Bauern und ungebildete Fischer, musste das schon etwas schräg gewirkt haben, dachte ich so still bei mir selbst.

Erst nach meiner Begegnung mit Gott als Vater las ich mehr oder weniger zufällig in einem Kommentar, dass Jesus gar nicht philosophierte, sondern mit seinen Worten etwas ansprach, was zur damaligen Zeit jedes kleine Kind in Jerusalem anscheinend wusste. Die Rabbiner hatten nämlich in ihren Lehren und Predigten den drei Haupttüren zum Tempel Namen gegeben.

Die erste Tür zum Vorhof nannten sie: „Der Weg". Die zweite Tür zum Heiligtum nannten sie: „Die Wahrheit". Die dritte Tür zum Allerheiligsten nannten sie: „Das Leben".

Mit diesem Hintergrundwissen hören sich auf einmal die Worte Jesu ganz anders an. Jeder musste damals aufhorchen und sich fragen: „Was will der Meister uns damit sagen?" Und auch wir sollten uns diese Frage stellen!

Der Tempel und sein Vorläufer, die Stiftshütte, entstammen genauen Plänen aus der Welt Gottes. Sie wurden übernatürlich designt. Jedes Detail hat eine tiefere geistliche Bedeutung. Sie sind wie ein dreidimensionales Bilderbuch Gottes. Anhand der Farben, Formen und Symbolik wollte und will Gott zu seinem Volk sprechen, um das Unaussprechliche seiner Liebe in zeitloser Gestalt darzustellen. Sagte ich nicht schon – unser Vater ist ein Meisterkünstler!

Ich möchte dich nun einladen, mit Jesus durch den Tempel zu gehen. Wir werden sehen, wie alles anfangen wird, zu uns zu sprechen. Hinter jedem Detail steckt eine tiefe göttliche Wahrheit. Hier finden wir allegorisch die ganze Heilsgeschichte wieder.

Der Weg

Wer in den Tempel gehen wollte, musste durch die erste Tür, genannt „Der Weg". Nur so kam man in die Nähe Gottes, in den **Vorhof**. Sich auf den Weg machen. Nachfolgen. Christsein heißt, unterwegs sein. Eine Entscheidung treffen, um Altes zu verlassen und Neuland zu betreten. Die ersten Christen gaben sich selber den Namen: „Der neue Weg".

Wenn man auf der anderen Seite des Tores angelangt war, sah man im Vorhof viel buntes Treiben. Viele Menschen. Alle waren auf dem gleichen Weg. Da war noch vieles laut und manches konnte man beim besten Willen nicht verstehen, weil die Schafe zu laut blökten oder Rinder ihren letzten Schrei von sich gaben. Doch sobald man im Durcheinander die Orientierung wieder fand, konnte man ihn einfach nicht übersehen. Da stand er mitten im Vorhof. Der große **Brandopferaltar**. Auf ihm wurden täglich tausende Tiere geopfert. Ihr Blut anstelle unseres Blutes. Leben für Leben. Eine blutige Angelegenheit. Aber auch ein herrlicher Ort der Entschuldung. Hier konnte man seine Lasten loswerden. Billiger ging es nicht. Ja, schau nur zu, wie man die Halsader des Schafes durchschneidet. So hätten wir den Tod verdient. Nur gut, dass das Lamm an unserer Stelle sterben konnte. Nur gut, dass Gott bereit ist, dies stellvertretende Opfer anzunehmen. Wir wissen, was unser Brandopferaltar ist. Das ist das **Kreuz von Golgatha**. Hier ist unser perfektes Opferlamm, Jesus Christus, für unsere Sünden gestorben. So wie die Passahlämmer des Tempels im Natürlichen auf den Feldern Bethlehems geboren wurden, so kam auch unser Lamm dort zur Welt. Und in der gleichen Stunde, als im Tempel die Passahlämmer geschlachtet wurden, da wurde unser Lamm in den Tod gegeben. Ein perfektes Opfer für eine unperfekte Welt. Ein für alle Mal! Nie wieder Schlachtopfer.

Das Kreuz ist der Blitzableiter für den geballten Zorn Gottes über alle Sünde der Menschheit. Hier findet das Tribunal statt. Hier schlug es ein, damals vor 2000 Jahren. Der Gerechte stirbt für die Ungerechten. Hier hat es gebrannt mit dem Feuer des Gerichtes. Gott schlägt nicht willkürlich in seinem Zorn zu, sondern konzentriert, dosiert und geplant. Und dort, wo es schon einmal gebrannt hat, wird es nie wieder brennen. Deshalb ist das Kreuz unser ewiger Zufluchtsort. Nur hier werden uns die Gerichte, die noch über die Welt gehen müssen, nicht treffen können. Was für ein herrlicher Ort. Am liebsten blieben wir dort immer stehen.

Aber es gibt noch mehr zu entdecken, wenn wir uns mit Jesus auf den Weg gemacht haben. Das Nächste ist das **Kupferbecken**, gefüllt mit klarem Wasser. Kupfer war das Material für Spiegel der Antike. Also ein großes Spiegelwasserbassin. Wie muss da das Wasser in der

heißen Sonne des Orients geglitzert haben? Welche Erfrischung inmitten der Sonnenglut? Die Priester und Anbeter brauchten das
Wasser zur Reinigung vom Staub der Welt und vom Blut, das noch
an ihren Händen klebte. Das Wasserbecken erinnert uns an die **Taufe**, an die Taufen mit Wasser und Geist. Reingewaschen in einem
guten Gewissen. Das sind die Anfangserfahrungen in der Nachfolge,
quasi die ersten Schritte. Aber noch sind wir unter freiem Himmel.
Und noch sind wir nicht am Ziel.

Die Wahrheit

Wenn wir näher zum Vater wollen, wenn wir tiefer ins Geheimnis des
Glaubens eintreten möchten, dann müssen wir durch die nächste
Tür, die Wahrheit. Gottes Wort, die Bibel, ist die Wahrheit. Der Heilige Geist ist der Geist der Wahrheit, der uns in alle Wahrheit leitet.
Durch **Wort und Geist** kommen wir tiefer hinein. Hier ins **Heiligtum** dürfen nur **Priester** hinein. Das ist kein Ort für Zuschauer, sondern nur für Diener des Höchsten. Das Heiligtum war ein Raum mit
besonderer Ausstrahlung. Die Wände bestanden aus vergänglichen
Holzbalken, die mit reinem, unvergänglichem Gold dick überzogen
waren. Symbol für Gottes ewige Herrlichkeit auf unserem zerbrech-
lichen, irdischen Dasein. Dieses Gold erstrahlte warm im Licht des
großen **siebenarmigen Leuchters**. Sieben ist die prophetische
Vollzahl Gottes und setzt sich zusammen aus Drei, der Zahl unseres
dreieinen Gottes, und aus Vier, der Zahl der Menschen aus allen vier
Himmelsrichtungen. Dort, wo beides zusammenkommt, ist vollkommene Fülle. Sieben Flammen aus sieben Öllampen sollten an die
Fülle des **Heiligen Geistes** erinnern. Er ist das Licht, das uns er-
leuchtet. Er ist die einzige Lichtquelle im Heiligtum.

Daneben stand ein Tisch mit **Brot und Wein**. Die Schaubrote
erinnerten an die Nähe Gottes. Gott will mit seinem Volk Tischgemeinschaft haben. Uns erinnert das natürlich an das **Abendmahl**.
Intimität. Sehet und schmecket, wie freundlich der Herr ist. Satt werden an seiner Gegenwart. Den Durst nach Liebe stillen. Seine Liebe
ist besser als Wein.

Als Drittes befand sich im Heiligtum der **Räucheraltar**. Auf ihm
wurden kostbare und erlesene Gewürze verbrannt. Diese Essenzen
füllten den Raum mit einem außerordentlichen Wohlgeruch. Dies

steht für Lobpreis und Fürbitte. Für die **Gebete** der Heiligen, die als Wohlgeruch zum Herrn aufsteigen. Die Priester durften diese herrliche Atmosphäre genießen. Ihr Dienst bestand darin, aufzupassen, dass immer genug von allem da war: Öl, Brot, Wein, Gewürze... Hier ist es tatsächlich so schön, dass man fast vergessen könnte, dass wir noch immer nicht am Ziel unserer Reise angelangt sind. Es wartet noch eine Tür auf uns.

Das Leben

Durch diese Tür durfte damals nur einmal im Jahr der **Hohepriester** gehen. Diese Tür führte ins Allerheiligste. Dort ist das Leben zu finden. Dort steht der **Gnadenthron** Gottes, die **Bundeslade**. Der sichtbare Thron des unsichtbaren Königs. Eine Kiste, wieder aus vergänglichem Holz, über und über mit Gold bezogen. In dem Kasten befanden sich drei Utensilien: Die **Gesetzestafeln** von Moses, die Gott mit eigener Hand geschrieben hatte. Sie stehen für das ewig gültige Wort der Bibel. Dann der **blühende Stab** Aarons, ein Mandelzweig. Ein Wortspiel im Hebräischen für das erwachende prophetische Wort und für Gottes Führung. Und ein **Krug mit Manna**. Die Himmelsspeise. Bildnis für die Versorgung Gottes. Den Kasten bedeckte eine Platte, die **Sühneplatte**. Darauf befanden sich zwei große Engelgestalten, die **Cherubim**. Sie standen einander zugewandt, ihre Gesichter zur Platte hingeneigt. Denn dort sollte der unsichtbare Gott thronen. Kein menschlich gemachtes Licht erfüllte diesen Ort. Nur die Gegenwart Gottes. Seine Feuersäule.

Einmal im Jahr durfte der Hohepriester, nach einer langen Zeremonie von Waschungen und Reinigungsritualen, durch diese Tür vor den Gnadenthron treten und das Blut eines reinen Opferlammes auf die Platte gießen, als Sühnung für alle ungesühnten Sünden des Volkes. Das war eine ganz heilige, Ehrfurcht gebietende Angelegenheit. Niemand sonst durfte dort hinein. Ja, man fürchtete sich tatsächlich vor diesem Raum. Denn wer kann schon vor dem Angesicht Gottes bestehen? Aber genau dieser Ort ist es, sagt Jesus, an dem in Wirklichkeit das Leben zu finden ist. **Dort auf dem Gnadenthron sitzt nämlich ein Vater voller Liebe. Und Jesus macht uns den Weg frei zu ihm. Er ist der Weg ans Vaterherz Gottes.** Durch seinen Opfertod hat er für alle Ewigkeit den Weg freigemacht.

Als sein Leben am blutigen Holz zerriss, genau in diesem Augenblick zerriss auch der Vorhang im Tempel. Der Vorhang vor der Tür zum Allerheiligsten, das „das Leben" genannt wurde. Und die Sicht auf den Gnadenthron wurde frei. Es bot sich ein neues Bild. Ein neues Bild von Gott! Gott, unser Vater. Dort sitzt kein griesgrämiger Herrscher, der blutrünstig unsere Opfer verlangt. Dort sitzt der **Abba-Vater**, der sich sein eigenes Herz rausgerissen hat, Jesus Christus, seinen Sohn. Jesus ist Opferlamm und Hohepriester zugleich. Er ist unser **Erlöser**. Aber eine Erlösung wofür? Wozu? Zu einem herrlich befreiten Leben im Allerheiligsten. Leben. In seiner grenzenlosen Liebe und Annahme. Im Vaterhaus. In der Freundschaft Gottes. Wir dürfen zu ihm kommen. Wie Kinder auf seinen Schoß krabbeln. Wie Freunde nach Hause kommen.

Das ist der tiefere Sinn der Worte Jesu aus Johannes 14, 6. Und das ist auch der tiefere Sinn von Golgatha. **Wir sind noch nicht angekommen, wenn wir unter dem Kreuz stehen geblieben sind. Wir sind erst am Ziel, wenn wir auf dem Schoß des Vaters unseren Platz gefunden haben.** Jesus ist bereits dort. *„Niemand hat Gott jemals gesehen, der eingeborene Sohn, der in des Vaters Schoß ist, der hat ihn kundgetan!"* (Johannes 1, 18)

Beim Vater ist das Leben

Ich weiß aus eigenem Erleben, wie schwer es ist, umzudenken. Ich war mein Leben lang anders geprägt und gelehrt worden. Bei Jesus zu sein, war das Ziel meiner christlichen Nachfolgeträume. Treffpunkt Kreuz. Viel weiter bin ich anfangs nicht gekommen. Später dann fand ich den Zugang zum Heiligen Geist. Alle sprachen nun von der Fülle, aber ich sah im Licht des „siebenarmigen Leuchters" eher meinen Mangel. Und jetzt soll der Vater-Gott das Ziel sein? Die Freundschaft mit Abba-Vater?

Mir ist es eine Hilfestellung gewesen, zu verstehen, dass es innerhalb von Gott keinen Konkurrenzkampf gibt. Jesus ist und bleibt mein großer Held – der Sieger über Sünde, Tod und Teufel. Er ist auch die Tür zum Leben (Johannes 10, 9). Aber, wenn ich durch diese Tür gehe, wohin gelange ich dann? – Ich komme zum Vater. In die Vaterbeziehung. Zu Abba. Es gibt da keinen Widerspruch. Ich sage immer, **die offenen Arme Jesu am Kreuz, das sind die** offenen Arme des Vaters, der den verlorenen Sohn zuhause empfängt. Und der Heilige Geist ist der Ruach-Atem des Vaters, der ihn mit seinen Küssen zurück ins Leben erweckt. Denn nur beim Vater ist das Leben!

Persönliche Checkliste:

1. Gibt es einen Schlüsselbibelvers für dein Leben? Und wenn ja, was ist die Botschaft darin?

_____

_____

_____

_____

2. Wo auf dem Weg befindest du dich – im Vorhof, im Heiligtum oder im Allerheiligsten?

_____

_____

_____

_____

3. Wenn beim Vater das Leben zu finden ist, dann bedeutet das für dich...?

_____

_____

_____

_____

5. Kapitel

Mit Augen des Herzens

Der zerbrochene Spiegel

Die Worte aus dem 1. Korintherbrief 13 haben immer schon etwas in mir zum Klingen gebracht. Ich hätte dem Apostel Paulus gar nicht so viel Poesie zugetraut. Bei seinem scharfen Sachverstand und tiefen Geist, bei aller Erkenntnis und übernatürlichen Offenbarung, auf einmal so etwas. Worte der Zärtlichkeit, der Anbetung. Er kommt geradezu ins Schwärmen über seinen Gott. Das gleiche Phänomen ereignet sich in fast allen seinen literarischen Wunderwerken. Er beginnt zumeist ganz sachlich, tief schürfend und dann explodiert er nahezu vor anbetender Liebe. Wie kommt es nur dazu? Anscheinend ist er bei seinen Nachforschungen auf etwas gestoßen, was ihn nicht mehr loslässt. Was ihn immer wieder neu packt und in tiefe Freude über seinen Gott ausbrechen lässt. **Nenne es Gnade, nenne es Liebe, nenne es Gottes Güte. Wenn er an seinen Gott denkt, wenn er über ihn spricht oder über ihn Briefe schreibt, früher oder später überwältigt ihn dieses Lebensgefühl: Ich bin geliebt!**

Warum nur geht es so vielen Christen anders? Warum gehen so viele gebückt unter Lasten und Selbstanklagen? Warum gibt es so viel Ängste im Reich Gottes, und nur so wenig Zuversicht? Warum kann eine kritische Äußerung über uns mehr ins Gewicht fallen als zehn Ermutigungen? **Warum fällt es mir und dir nur so schwer, Gottes großer Liebe zu vertrauen?**

Es liegt an dem Spiegel, von dem Paulus in 1. Korinther 13

spricht. Er schreibt: *„wir erkennen stückweise..., wir sehen jetzt mittels eines Spiegels..., undeutlich...".* Der Spiegel des Altertums war eine blank geschliffene Metallscheibe. Er ergab nur ein undeutliches Bild. Vor allem, wenn er dazu noch beschlagen, schmutzig, zerkratzt oder gar zerbrochen war.

Viele von uns sehen sich ein Leben lang in einem zerbrochenen Spiegel an. Sie denken, was sie da sehen, muss die ganze Wirklichkeit sein. Wir sehen Kratzer, Risse, Flecken und glauben, sie gehören zu uns. Schlimmer noch. Wir denken, dass die anderen das auch sehen müssten. So schämen wir uns und verstecken uns voreinander, setzen Masken auf und lassen niemand zu nahe heran. Ja, noch schlimmer, wir kommen an den Punkt, dass wir dem Irrglauben aufsitzen, Gott sehe uns genauso. **Damit projizieren wir unsere Minderwertigkeit und unsere Gefühle der Ablehnung auf ihn.**

Mit einem schlechten Gewissen lässt sich Gottes Liebe aber nicht empfangen. Wie ein zu oft geprügelter Hund werden wir uns vor der Hand, die sich liebend nach uns ausstreckt, eher abwenden und schützend wegducken, weil wir nur die nächste Verwundung erwarten.

Jahrelang war ich ein Gefangener meines zerbrochenen Spiegels. Dabei habe ich mehr darauf gehört, was meine eigenen Befürchtungen mir einflüsterten oder was Menschen meinten, statt auf die Stimme meines himmlischen Freundes zu achten. Wenn ich in der Bibel all diese Wahrheiten las, wie sehr er mich liebt (und da gibt es doch etlichen Lesestoff!), kam schnell meine innere Abwehr zum Zuge: „So kann das doch nicht gemeint sein!"

Wie sehr liebe ich dich wohl?

Dieses falsche Strickmuster meiner Seele zieht sich hartnäckig durch meine Biografie. Selbst nach der Begegnung mit Gott als Vater macht es mir noch zu schaffen. Aber vor einem Jahr erlebte ich eine erstaunliche Befreiung. Ich konnte einen großen Schritt nach vorne wagen. Eines Morgens saß ich auf dem Schoß meines Vaters (was ich damit meine, werde ich in einem späteren Kapitel erläutern). Ich genoss seine Gegenwart und badete in seiner Liebe. Wie aus heiterem Himmel erreichte mich in meinem Innersten eine Frage von Gott:

„Matthias, was glaubst du? Wie sehr liebe ich dich wohl?" – Nun ich weiß nicht, ob du schon einmal so etwas erlebt hast, dass Gott sich in deinem Herzen zu Wort meldet. Für mich ist dieses innere Zwiegespräch nichts Ungewöhnliches mehr. Aber ich bin vorgewarnt, wenn er mich etwas fragt, dann steckt meistens eine andere Absicht dahinter. Etwas, was sich mir auf den ersten Blick nicht erschließt. So strengte ich meine grauen Gehirnzellen an und grübelte, wohin mich seine Frage lenken wollte. Ich antwortete ihm etwas diplomatisch: „Vater, ich weiß, du liebst mich grenzenlos. Das hast du mit Jesus am Kreuz unter Beweis gestellt!"

Als ich ihm das im Gebet sagte, sah ich auf einmal vor meinem inneren Auge ein Bild. Die Bibel nennt das Vision (auch das mag für den einen oder anderen Leser ungewohnt sein. Lies bitte trotzdem weiter, es lohnt sich!). Ich sah bei geschlossenen Augen innerlich Folgendes: Da war eine sehr große Waage mit zwei Schalen. In der einen Waagschale, da saß ich, und in der anderen stand ein herrlicher Mann. Ich wusste sofort, das muss Jesus sein. In ihm vereinten sich Perfektion, Schönheit, Anmut und Größe. Mir fiel sogleich der alte Choral ein: „Schönster Herr Jesus...". Ich war von seiner Herrlichkeit nahezu geblendet. Er zog alle meine Aufmerksamkeit auf sich. „O mein Jesus, eine ganze Ewigkeit werde ich dich anbeten!", dachte ich bei mir. Doch dann fiel mein Blick auf etwas, was mir den Atem verschlug. Die Waagschalen standen auf gleicher Höhe – als ob man zwei gleich schwere Teile in sie hinein gelegt hätte.

Sofort sprang mein innerer Abwehrreflex an: „Nein, das kann nicht sein. An dem Bild stimmt etwas nicht." Ja, wenn die Waagschale, in der ich mein kleines Leben sah, gefüllt gewesen wäre mit allen Menschen, die jemals gelebt haben, dann käme das wohl theologisch einigermaßen hin. Schließlich hat Jesus mit seinem Blut für alle Menschen bezahlt. Oder? Na ja, ich hatte selber oft genug gepredigt: „Und wenn du der einzige Mensch im ganzen Kosmos wärst, dann wäre Jesus Christus auch für dich und deine Sünden am Kreuz gestorben!" Aber selbst dann..., nein, das war zu viel des Guten. Selbst dann müsste Jesu Macht und Würde viel schwerer ins Gewicht fallen.

Als ich noch am Lamentieren war, hörte ich wieder die sanfte Stimme meines himmlischen Vaters: **„Siehst du, mein Sohn..., du kannst mir immer noch nicht glauben, was ich dir seit Monaten zu erklären versuche. Ich liebe dich genauso wie ich mei-**

nen Sohn Jesus Christus geliebt habe. Da gibt es für mich gar keinen Unterschied! Meinst du wirklich, ich hätte diesen schönsten Herrn Jesus für ein Stück Dreck hingegeben? Sollte ich den größten Schatz der Himmelswelt für etwas Minderwertiges opfern? Nein, ich gab ihn für dich, weil du in meinen Augen sehr kostbar bist. Ich sehe etwas in dir, was du noch nicht sehen kannst. Ich liebe etwas in dir, wofür es sich gelohnt hat, ans Kreuz zu gehen!"

Ich sehe was, was du nicht siehst

Dieses Erlebnis hat einen tiefen Eindruck bei mir hinterlassen. Ich bin immer noch dabei, es zu verstoffwechseln. Anscheinend sieht Gott uns anders. Er muss eine völlig andere Wahrnehmung von uns haben als wir selbst. Er denkt nicht: „O nein, da kommt Problemfall 3766!" oder „Um Himmels willen, nicht die schon wieder mit ihrer alten Klamotte!" Er bekommt auch keine Krise, wenn er an uns denkt. **Er kann unterscheiden zwischen Sünde und Sünder! Er hasst die Sünde, aber er liebt die heimkommenden Töchter und Söhne.** Das Problem liegt bei uns. In der Regel denken wir zu hoch von uns und werden stolz; oder wir denken zu niedrig über uns und laufen mit dem „Mistkäfer-Feeling" durch die Welt. Unsere Spiegel sprechen eine andere Sprache als Gottes Stimme in unserem Innersten.

Als Kinder spielten wir mit wachsender Begeisterung: „Ich sehe was, was du nicht siehst...". Je versteckter der Gegenstand war, desto schwieriger war er zu erraten. **Unser Vater sieht etwas an uns aus seiner himmlisch-göttlichen Perspektive, was wir nur schwer von dem Punkt aus erkennen können, an dem die meisten von uns momentan stehen. Er sieht uns mit Augen der Liebe. Das ist eine völlig andere Wahrnehmung! Wir müssen auf seine Augenhöhe kommen, dann können auch wir es sehen.**

Verklärte Sichtweisen

Meine Mutter war sehr übergewichtig und gehbehindert. Ihr rechtes Bein war dicker als das linke. Und ich war damals ein kleiner Junge, der gerade zur Schule kam. Ich hatte Schwierigkeiten, rechts und links zu unterscheiden (meine Frau würde behaupten, dass das heute immer noch so ist). Alle meine Strichmännchen, die ich damals malte, sahen ziemlich wohlgenährt aus und hatten ein rechtes dickes Bein und ein linkes dünnes. Warum nur? Weil meine Mama für mich der Inbegriff einer schönen Frau war. Ich liebte sie über alles. Ich liebte sie so wie sie war. Ich hatte eine verklärte Sicht. Ich sah sie mit anderen Augen. Mit Augen des Herzens. In meiner kindlichen Liebe gab es keine Worte wie „übergewichtig" oder „behindert". **Gott muss ein kindliches Herz haben, denn er macht das genauso!**

In 1. Samuel 16, 9 steht ein bekanntes Bibelwort: *„Der Mensch sieht auf das, was vor Augen ist, aber der Herr sieht auf das Herz."* Eine andere Lesart des hebräischen Textes lautet: *„Aber der Herr sieht mit dem Herzen!"* Unser Vater im Himmel sieht mit dem Herzen. Mit einem Herzen voller Liebe. Er sieht uns verklärt, transformiert. Er sieht nicht nur allein unseren momentanen Ist-Zustand, sondern auch das ganze zukünftige Potenzial unseres Lebens. Er sieht uns vom Ziel her. Er sieht uns durch und durch erlöst, herrlich und frei. Er sieht uns in Jesus und durch Jesus. Er sieht uns so, wie wir in seinen Augen immer schon waren. Wie er uns von Ewigkeit her gemeint hat.

Wie schreibt Paulus in 1. Korinther 13, 4-7 (nach „Hoffnung für alle"):

„Die Liebe ist geduldig und freundlich. Sie kennt keinen Neid, keine Selbstsucht, sie prahlt nicht und ist nicht überheblich. Liebe ist weder verletzend noch auf sich selbst bedacht, weder reizbar noch nachtragend. Sie freut sich nicht am Unrecht, sondern freut sich, wenn die Wahrheit siegt. Diese Liebe erträgt alles, sie glaubt alles, sie hofft alles und hält allem stand."

Ich höre schon die kritischen Gemüter: „Aber hallo, stehen wir jetzt nicht in Gefahr, uns eins in die Tasche zu lügen?" Oder gar den Einfluss der Sünde in unserem Leben zu verharmlosen? Hat nicht auch der gleiche Paulus gesagt: *„Denn ich weiß, dass in mir, das ist in meinem Fleisch, nichts Gutes wohnt"* (Römer 7, 18)? Und spricht er nicht von sich selber ganz unfein in 1. Korinther 15, 8 als von einer *„unzeitigen Geburt"*, mit anderen Worten „Fehlgeburt". Also das hört sich nun gar nicht nach einem „verklärten Blick" an!

Tatsächlich müssen wir sauber unterscheiden und dann verste-

hen, was die Macht der Sünde mit uns anstellt. Da sind wir Täter und
Opfer zugleich. Wir sündigen, weil wir Sünder sind. Und diesen
Schmutz müssen wir sauber trennen von der Tatsache, dass unser
Vater, der *„die Ewigkeit in unsere Herzen gelegt hat"* (Prediger 3, 11)
und sich entschieden hat, uns *„von Ewigkeit zu Ewigkeit"* zu lieben
(Jeremia 31, 1); dass er uns in Jesus erwählt hat, seine Kinder und
Freunde zu sein. **Seit Golgatha sind wir nicht nur begnadigte
Sünder, sondern auch begnadete Kinder!**

So kann nur ein Vater (oder eine Mutter) lieben! – Ich liebe
als Vater meine beiden Kinder auch. Das heißt nicht, dass ich alles
gut finde, was sie machen. Oft bin ich sogar ziemlich ärgerlich über
ihre Taten. Aber es hilft mir, wenn ich mal wieder ihretwegen wütend
werde, auf ihre Herzen zu schauen. Ich kenne doch ihr Innerstes.
Und genau das liebe ich so sehr an ihnen. Selbst wenn heute ein
wenig der Haussegen schief hängen mag, so weiß ich doch, dass ich
sie immer lieben werde, egal was kommt. – Warum, fragst du? Weil
ich ihre Herzen gesehen habe, und das hat wiederum mein Herz er-
obert! Wenn schon ein ziemlich irdischer Vater wie ich so empfindet,
um wie viel mehr *„der Vater des Lichts, bei dem keine Veränderung
ist noch eines Wechsels Schatten."* (Jakobus 1, 17)

Mit Augen des Herzens

**Der Vater sieht uns mit Augen des Herzens voller Liebe an.
Nun ist es höchste Zeit, dass wir selber auch ein neues Bild
von uns bekommen. Wenn wir Gott „Vater" nennen dürfen,
dann bedeutet es doch, dass wir ihm ähnlich sein müssen.
Schließlich stammen wir von ihm ab. Es geht darum, Töchter
und Söhne zu sein, die zu diesem herrlichen Vater passen.
Durch die Freundschaft mit Abba-Vater werden wir mehr und
mehr dazu.**

Wir werden nie erkennen können, wer wir wirklich sind, wenn
wir uns weiter in dem zerbrochenen Spiegel betrachten. **Erst wenn
wir dem Vater in die Augen schauen, werden wir darin unser
wahres Selbstbild finden.** Die Augen Jesu, sein Angesicht, das
sind die Augen unseres himmlischen Vaters. In ihm ist er uns menschlich zugewandt.

Paulus weiß, wovon er in 1. Korinther 13 spricht. Er hat die Realität dieser Liebe existenziell durchlebt! Seine Biografie reicht vom stolzen Besserwisser bis hin zum von Schuldgefühlen geplagten Täter. Wie oft in seinem Leben mag er wohl Angehörige von Leuten getroffen haben, an deren Verfolgungstod er mit schuldig war. Wie kann man seinen eigenen Anblick im Spiegel noch ertragen, wenn man unter einer derartigen Schuldenlast leben muss? Aber das, was so schwer auf dem Apostel lastete, wurde ihm zum Segen. Nun brauchte er die Gnade und Liebe seines Herrn erst recht. Sonst hätte er gar nicht weitermachen können. Die Sündenerkenntnis demütigte ihn, zerbrach seinen Stolz. *„Gott widersteht dem Hochmütigen, den Demütigen schenkt er Gnade! So demütigt euch unter die mächtige Hand Gottes, damit er euch erhöhe zur rechten Zeit!"* (1. Petrus 5, 5+6) Mitten in seinem Zerbruch erhob ihn die Liebe des Vaters, brachte ihn auf Augenhöhe.

Und was sah Paulus, als er in die Augen des Vaters, in die Augen Jesu, sah? – Er sah ein neues Bildnis von sich selber. Nicht mehr den schuldigen Sünder, sondern er sah einen vielgeliebten Sohn. Er sah sich in Jesus Christus, dem Vielgeliebten. Und in Jesus sah er Vergebung, Neuanfang, Wiederherstellung – Glaube, Hoffnung, Liebe! „Ich bin in Christus!" wurde zu seiner neuen Identität. Er hatte sich selbst durch die Augen des Vaters gesehen. Mit Augen der Liebe. Mit den Augen des Vaterherzens.

So schreibt er in 2. Korinther 3, 18: *„Wir alle aber schauen mit aufgedecktem Angesicht die Herrlichkeit des Herrn an* (wörtlich: wir spiegeln die Herrlichkeit Jesu wider! Das ist der Spiegel, in dem wir uns betrachten sollen!) *und werden so verwandelt* (oder: verklärt) *in dasselbe Bild von Herrlichkeit zu Herrlichkeit, wie es vom Herrn, dem Geist, geschieht."*

Weiter lesen wir im Epheser 1, ab Vers 18: *„...der Vater der Herrlichkeit... erleuchte die Augen eures Herzens, damit ihr wisst, was die Hoffnung seiner Berufung, was der Reichtum der Herrlichkeit seines Erbes in den Heiligen* (das sind doch wir!) *und was die überragende Größe seiner Kraft an uns, den Glaubenden ist, nach der Wirksamkeit der Macht seiner Stärke..."*

Persönliche Checkliste:

1. Wie würdest du deine Selbstwahrnehmung einschätzen?

_____

_____

_____

_____

2. Was liebt Gott wohl an dir besonders?

_____

_____

_____

_____

3. In welchen Bereichen deines Lebens brauchst du noch mehr
   Durchblick mit den Augen deines Herzens?

_____

_____

_____

_____

6. Kapitel

Problemzone „Stille Zeit"

Mit Gott im Alltag leben

Seit den Anfängen des Christentums lassen sich Hinweise darauf finden, wie die Nachfolger Jesu mit ihrem Gott im Alltag lebten. Da sind viele Spuren alltäglicher Frömmigkeit. Sie brachten Golgatha in ihre Wohnzimmer, indem sie das Abendmahl mit einander feierten (Apostelgeschichte 2, 46). Sie waren dafür bekannt, dass sie an allen Orten frei mit Gott sprachen; also beteten (1. Korinther 1, 2). Die Privatwohnungen und Häuser waren die Orte, an denen sie zusammen kamen, um mit einander in der Bibel zu lesen und im Glauben zu wachsen (Apostelgeschichte 18, 27). Sie unterschieden nicht zwischen Sonntagsgottesdienst und Alltagsgottesdienst (Römer 12, 1). Ihr ganzes Leben hatte eine neue Ausrichtung auf Gottes Liebe hin erfahren. Und das lebten sie nun in kindlicher Freude und Leichtigkeit aus.

Mittlerweile haben 2000 Jahre Kirchengeschichte stattgefunden. Die Zeiten haben sich verändert und auch die Wege, wie Christen ihren Glauben ausleben. Zu manchen Zeiten suchte man Gottes Nähe in der Abgeschiedenheit von Wüsten und in Klöstern. Zu anderen Zeiten traf man sich in kleinen Stubenversammlungen oder in großen Massen auf öffentlichen Plätzen. Die einen lebten einen einfachen, eher asketischen Lebensstil. Die anderen bejahten alles, was das Leben ihnen bot und fanden darin Gott. Es wurden leise, kontemplative Gebete gesprochen. Es wurden laute, ekstatische Gebete

zum Himmel gesandt. Die einen liebten es eher nüchtern und ohne
Ablenkung. Die anderen liebten ihren Gott mit aller Leidenschaft
und allen Registern der Kunst. Die einen meditierten tagelang über
ein Bibelwort. Die anderen studierten eifrig die Heiligen Schriften.

**Schaut man den langen Weg zurück, dann wird man wo-
möglich jede Art von unterschiedlichem Frömmigkeitsaus-
druck wieder finden. So bunt und vielfältig wie wir Menschen
nun mal von unserem himmlischen Vater geschaffen wurden.
Aber eins haben allen Christen durch die Jahrhunderte gemeinsam: sie verbindet der Wunsch, mit Gott im Alltag zusammen zu leben.**

Der Segenslauf der „Stillen Zeit"

Unser Wort „Stille Zeit" taucht auf breiterer Ebene erst so richtig in
den Nachkriegsjahren auf, also Anfang der Fünfzigerjahre des letzten Jahrhunderts. Überall in den Kirchen und Freikirchen entstand
damals ein neuer Hunger nach tieferen Glaubenserfahrungen. Der
Gedanke war nicht neu. Es ließen sich sicherlich viele Beispiele aus
vergangenen Zeiten anführen. „Lies die Bibel, bet jeden Tag, wenn
du wachsen willst!" Und doch trat dieser Impuls Gottes seinen Se-
genslauf an und eroberte flächendeckend fast alle Kreise christlichen
Lebens.

**Es wurde zum gemeinsamen Überzeugungsgut: Jeder
Christ braucht seine tägliche Zeit mit Gott. Dazu gehören Bibellesen und Gebet. So wurde es im Laufe der Jahre mehr
und mehr zu einer Selbstverständlichkeit, dass jeder „lebendige Christ" seine tägliche „Stille Zeit" hält.**

Du kannst es zwar anders nennen. Du kannst andere Elemente
hinzufügen. Vielleicht schaffst du es auch nicht täglich. Manchem ist
es eine Hilfe, auf Andachtsbücher oder anderes Material zurückzu-
greifen. Oder du hast deine eigene Methode gefunden. Du kannst es
früh morgens nach dem Aufstehen machen oder spät abends vor
dem Zubettgehen. – Aber du kommst nicht daran vorbei: **wenn du
mit Gott eine lebendige Beziehung haben willst, dann braucht
das seine Zeit!**

Unterschiedliche Wege

Jeder Mensch hat seinen ganz speziellen Zugang zu Gott. Jeder erlebt Gott höchst persönlich. Es gibt Frömmigkeitsformen, mit denen wir nichts anfangen können und andere wiederum, in denen wir aufblühen. **So unterschiedlich wie wir Menschen sind, so unterschiedlich werden unsere Wege aussehen, auf denen wir Gott finden und ihm begegnen.** Jeder von uns ist ein handgemachtes Original. Ein einzigartiges Individuum. Wieso sollte dann jeder auf gleiche Weise mit Gott zusammenleben? Das wäre doch furchtbar langweilig! Der Inhalt muss stimmen, aber die Verpackung darf unterschiedlich ausfallen.

Im Folgenden werden wir uns einige unterschiedliche Wege miteinander anschauen.

(Ich wurde durch Gedanken aus dem Buch von Gary Thomas: „Neun Wege, Gott zu lieben" [Brockhaus- Verlag] dazu inspiriert). Vielleicht entdeckst du deinen eigenen Weg dabei, aber es lohnt sich, auch neue auszuprobieren.

Gott im Wort begegnen

Hier sehen wir Menschen, die es lieben, Bücher zu lesen – und vor allem die Bibel. Sie studieren gerne im Wort Gottes, sie unterstreichen, vergleichen Parallelstellen und schmökern in Sekundärliteratur. Ihr Wissenshunger ist enorm. Sie wollen der Sache auf den Grund gehen und intellektuell herausgefordert sein. Sie wollen etwas lernen – und sie meinen damit: Geistliche Inhalte logisch erfassen. Sie blühen auf, wenn ihnen jemand einen brillanten Vortrag hält und sie alle Punkte mitschreiben konnten. – Der Apostel Paulus ist ihr Mentor.

Gott in der Anbetung begegnen

Diese Menschen können nicht genug von Lobpreis- und Anbetungszeiten bekommen, denn da erleben sie Gott am intensivsten. Die Musik, das Tanzen, die bunten Flaggen, die Lieder, die Atmosphäre. Sie haben keine Angst vor Gefühlen. Mit allen Sinnen wollen sie Gott erleben. Deshalb lieben sie die Künste und sind offen für Symbolik und Visuelles. Manchmal fällt es ihnen richtig schwer, die Augen beim Beten zu schließen, weil sie die schöne Dekoration so gerne betrachten. – König David ist ihr Lobpreisleiter.

Gott im Bitten begegnen

Es gibt Leute, die in ihrem Leben beten und es gibt Leute, die in ihren Gebeten leben. Zur letzteren Gruppe gehören die Leute, die ich
hiermit meine. Sie lieben es, lange vor Gott zu sein und für die verschiedensten Anliegen vor ihm einzutreten. Sie empfinden geradezu
eine Last auf ihrer Seele, wenn sie von Nöten hören. Dann wollen sie
sofort alleine oder mit anderen zu Gott gehen und den Himmel mit
ihren Bitten bestürmen. Wenn sie so in ihrem Element sind, wissen
sie sich Gott ganz nahe. – In ihren Gebetszeiten finden wir bestimmt
auch unseren Freund Daniel wieder.

Gott in der Stille begegnen

Für diese Freunde gibt es nichts Schöneres, als sich Zeiten der Zweisamkeit mit Gott zu gönnen. In der Ruhe liegt ihre Kraft. Sie genie
ßen den Augenblick; brauchen es, ungestört zu sein und hängen gerne ihren Gedanken nach. Sie meditieren über einzelne Aussagen der
Bibel oder versenken sich in die Betrachtung eines Bildes. Sie empfinden es hilfreich, ihre Gedanken durch Tagebuchschreiben zu ordnen. – So wie der Apostel Johannes möchten sie am liebsten nur still
an der Brust Jesu liegen.

Gott in der Gemeinschaft begegnen

Wer sich auf diesem Weg befindet, ist meistens nicht allein. Das sind
die „Beziehungsnudeln". Sie lieben es, mit Freunden stundenlang zu
reden; sie haben meistens mehrere Hauskreise und eine Flatrate für
Dauertelefonate. Sie hören Gott oft durch andere zu ihnen reden. Sie
lieben einfach Menschen. In Gebetsgemeinschaften oder Segnungszeiten erleben sie besonders stark Gottes Nähe. – Der Apostel Petrus
würde gut zu ihnen passen.

Gott im Dienen begegnen

Hier sehen wir Leute, die sich am wohlsten fühlen, wenn sie anderen
helfen können. Sie lieben es, praktisch anzupacken und haben auch
einen Blick dafür, wo Not am Mann ist. Ihre Stärken liegen im handwerklichen Bereich oder in der Betreuung von Kranken und
Schwachen. Sie stehen nicht gern im Rampenlicht. Wenn sie wieder
einmal jemanden helfen konnten, fühlen sie sich dem Himmel ein
Stück näher. – Die Jüngerin Tabita ist ihre Freundin.

Gott in der Aktion begegnen

Sie lieben das Abenteuer und suchen die nächste Herausforderung, an der sie wachsen können. Das sind die geborenen Leitertypen und Visionäre. Sie können nicht tatenlos herumsitzen und abwarten. Sie brauchen klare Aufgaben und erreichbare Ziele. Wenn sie ein Projekt abgeschlossen haben, lehnen sie sich einen Augenblick lang dankbar zurück – das ist der Moment, wo sie sich Gott am nächsten wissen – bevor sie sich mit neuer Leidenschaft in die nächste Aktion stürzen. – Diese Leute werden von Nehemia „gecoacht".

Gott im Übernatürlichen begegnen

Das sind Leute, die Gott stark intuitiv begabt hat. Sie lieben Charismen wie Sprachengebet, Prophetie und Heilung. Gott spricht zu ihnen durch Träume und Visionen. Sie lieben es, wenn ein ganzes Feuerwerk an wundersamen Ereignissen um sie herum passiert. Je spektakulärer, desto besser. Inmitten solcher spontaner Heilig-Geist-Zeiten blühen sie auf. – Der Prophet Elisa wurde in Verzückung mitten unter ihnen gesichtet.

Gott in der Schöpfung begegnen

Hier sehen wir Menschen, denen Gott in der Natur besonders nahe kommt. Sie lieben Gebetsspaziergänge und finden es als Strafe, dass sie mitten in der Stadt wohnen müssen. Wenn sie sich im Freien bewegen, wird alles zum Bilderbuch Gottes. Selbst im „Blümelein am Straßenrand" können sie noch Gottes Größe entdecken und in staunende Verzückung geraten. Im Anblick eines Bergmassivs oder des weiten Ozeans erleben sie Gottes Nähe. – Sie hören Hiob gerne zu, wenn er von seinen Entdeckungen in Gottes Schöpfung berichtet.

Keiner dieser Wege ist exklusiv allein richtig und gültig. Erst der Chor der vielen Stimmen ergibt die Musik des Himmels. Jeder von uns hat seine Vorlieben. Und jeder Weg hat seine Stärken und seine Einseitigkeiten. Deshalb brauchen wir einander so sehr in der Familie Gottes.

Im Zentrum steht Liebe

Erfreut dich die Andersartigkeit oder verunsichert sie dich eher? In der Regel fühlen wir uns durch den anderen Frömmigkeitsstil be-

droht. Nicht umsonst hat Kain seinen Bruder Abel erschlagen, weil
der mit Gott anders zusammenlebte. Ständig stehen wir in der Gefahr, uns zu vergleichen. Dahinter verbirgt sich unsere Unsicherheit,
ob unser eigenes „Opfer" Gott auch ausreichen wird; oder unser
Stolz, dass wir es sowieso besser machen als die anderen. Beides
sind Abwege, die nur offenbaren, wie wenig wir verstanden haben.

**Bei unserer Zeit mit Gott geht es doch nicht um fromme
Pflichterfüllung, „geistliche Selbstverwirklichung" oder „religiöse Übungen". Es geht um eine Liebesbeziehung. Im Zen-
trum des ganzen Universums steht eine Liebe. Und diesmal
geht es auch nicht zuerst um uns. Vielmehr geht es um die
Liebe, die Gott-Vater zu seinem Sohn Jesus Christus hat. Und
um die Liebe, mit der der Gottessohn seinen Abba-Vater
liebt.**

**Wir stehen mitten drin in dieser Liebesbewegung. Dort ist
der Platz für unsere Zeit mit Gott. Der Vater-Gott liebt Jesus
so sehr, dass er uns als Braut seinem Sohn zum Geschenk
machen will. Und der Sohn liebt den Vater so sehr, dass er
dem Vater viele Söhne und Töchter schenken möchte.**

Wie sieht eine „Stille Zeit" – eine Zeit mit Gott – aus, die nur ein
Ziel verfolgt: „Ich will in Gottes Liebe eintauchen – mich von ihm
lieben lassen und ihm meine Liebe schenken...."?

Wenn die „Stille Zeit" zum Problem wird

Ich befürchte, dass viele meiner Leser nachvollziehen können, wo-
rüber ich jetzt schreibe. **Die Zeit mit unserem Gott sollte eigentlich die beglückendste Zeit unseres Lebens sein. Aber viele
Christen bekommen sofort ein schlechtes Gewissen, wenn
sie an ihre „Stille Zeit" erinnert werden.** Sie ist im wahrsten
Sinne des Wortes sehr „stille" geworden, weil man schon lange nicht
mehr Gottes Reden gehört und seinen Lebensatem darin gespürt
hat. Wer kennt sie nicht, die inneren Appelle und Gelöbnisse zur Bes-
serung? Wer hätte nicht schon x-mal versucht, sich an dieser Stelle zu
verändern. Hast du nicht auch meinen Bestseller gelesen: „1000
Tipps auf 100 Wegen zur erfolgreichen Stillen Zeit"? (Scherz!) Viele
von uns teilen mit mir eine lange Leidensgeschichte, wenn es um
dieses Thema geht.

Dabei wollen wir es nur richtig machen. Aber wir schaffen das mit den guten Vorsätzen nicht länger als ein paar Tage. Wir hinken Wochen hinter dem Bibelleseplan her. Das holen wir niemals wieder ein (am besten halten wir ein Jahr lang still und machen unbemerkt nächstes Jahr wieder mit, oder?). Wir schaffen es auch nicht, stundenlang wie unsere Geschwister in Afrika, Asien oder Lateinamerika zu beten, und dann noch auf Knien. Siehst du, deshalb haben wir auch keine Erweckung..., es muss an unserem mangelhaften Gebetsverhalten liegen. **Na ja, die „Losungen" am Morgen und ein kurzes Stoßgebet bekommen wir gerade noch so hin. Doch bei Licht betrachtet erscheint uns unsere Frömmigkeit eher erbärmlich und nicht besonders attraktiv.**

Kennst du das auch aus deiner eigenen Erfahrung? – Mir begegnen so viele Christen, die unter diesem permanenten schlechten Gewissen leiden, dass sie den Erwartungen nicht genügen. Wie oft habe ich „Zeugnisse" gehört, dass da jemand seine „Stille Zeit" nicht gemacht hat und natürlich ist dann auch an diesem Tag der Segen Gottes als Strafmaßnahme ausgeblieben. Was für ein verdrehtes Verständnis?! Glaubst du wirklich, dass unser Vater-Gott so sein könnte? Wie ein Automat: oben Gebet rein und unten kommt die Segnung raus...?

Wie ich in den vorherigen Kapiteln beschrieben habe, stehen uns leider oftmals falsche Bilder im Weg. Ein falsches Bild von Gott. Und auch eine verzerrte Selbstwahrnehmung. **So laufen Millionen Christen in die Abseitsfalle und versuchen, durch religiöse Anstrengung Gott zu gefallen.** Vielleicht gehörst du sogar zu den Treuen und Disziplinierten im Land, die täglich ihr Pensum brav erledigen: du betest für alle Namen auf deiner Gebetsliste und bringst es sogar auf einen auswendig gelernten Bibelvers pro Woche. Alle Achtung! Aber ist das schon alles, was deine Liebesbeziehung zu Gott ausmacht? Wie will man Liebe in Stunden messen oder in abgeleisteter Fürbitte? Unsere Taten entlarven uns.

Dieses Buch verfolgt nur ein Ziel: ich möchte dich einladen in eine reale, herrliche Liebesbeziehung. In die Freundschaft mit Abba-Vater. Aber so wenig man eine Liebe und Freundschaft auf Prinzipien und Gesetzmäßigkeiten aufbauen kann und mit Gewohnheiten und Trockenübungen am Leben erhält, so wenig wird uns das in unserer Gottesbeziehung gelingen. Es muss einen anderen Weg geben!

Davon möchte ich dir in den nächsten Kapiteln berichten. Ich will mir dabei gerne von dir über die Schulter schauen lassen. Ohne mich dabei selber zu wichtig zu nehmen. Aber ich bete und hoffe, dass du darin einige ermutigende Schritte für dein eigenes Leben mit Gott finden wirst. Ich will dir erzählen, wie Gott mich aus dem Gefängnis von Selbstanklage und Verdammnisgefühlen befreit hat. Und wie er mir meinen Weg gezeigt hat in die herrliche Freiheit der Kinder Gottes. Wie er mir einen Platz an seinem Herzen zum Geschenk gemacht hat.

Und wenn er das mit mir geschafft hat, dann kann er das auch in deinem Leben bewirken! Denn auch du bist Papas Liebling! Nicht umsonst heiße ich „Hoffmann"!

Persönliche Checkliste:

1. Wie sieht deine „Stille Zeit" in der Regel aus?

_____

_____

_____

_____

2. Hast du manchmal ein schlechtes Gewissen, wenn du an deine
   Zeiten mit Gott denkst?

_____

_____

_____

_____

3. Welcher Zugang zu Gott entspricht dir am ehesten?

_____

_____

_____

_____

7. Kapitel

Dein Raum der Begegnung

In seinem Herzen ist Raum für mich

Gerne will ich jetzt mit dir etwas teilen, was für mich zu den kostbarsten Erfahrungen meines bisherigen Lebens gehört. Ich habe darüber mehrfach geschrieben und berichtet, aber hatte bisher noch nie die Freiheit gehabt, dieses Erlebnis so authentisch wiederzugeben wie nun im Folgenden.

Es war mitten in meiner Lebenskrise, als ich mich für 30 Tage zurückzog, um mir vor Gott über mein Leben klar zu werden. Und genau das war der Zeitpunkt, an dem Gott anfing, sich mir als mein liebender Vater vorzustellen.

Überwältigt von seiner Liebe betete ich an einem Morgen wie Moses es tat: „Herr, lass mich bitte deine Herrlichkeit schauen...!" Und ich hörte sogleich die Stimme meines himmlischen Vaters ganz nahe bei mir: „Mein Sohn, ich werde dir ein Stück meines Vaterherzens offenbaren!"

In den folgenden Stunden erlebte ich eine Fülle von inneren Bildern und prophetischen Reden, wie noch nie zuvor in meinem Leben. Es war so, als ob sich der Himmel ganz tief zu mir herabneigte und ich Augenzeuge von Unaussprechlichem wurde. Ich erlebte das Ganze bei vollem Bewusstsein, aber ohne jegliches Gefühl für Zeit und Raum. So etwas hatte ich zuvor noch nie erlebt und seitdem auch nicht mehr wieder in dieser Intensität.

Zunächst empfand ich, als ob ich fliegen würde. So leicht und unbeschwert wie ein Vogel. Lange „schwebte" ich über einen unendlich weiten Raum. Es erschien mir wie ein ganzes Universum, so gigantisch groß und unüberschaubar. Unter mir waren viele kleine Parzellen. Wie ein bunter Patchwork-Teppich sah es aus. Ich war geblendet von der Pracht der Farben, die mir da entgegenstrahlten. Farben nicht von dieser Welt. Ich versuchte, Ausschau zu halten nach Bekanntem, aber fand nichts dergleichen. So fragte ich: „Vater, wo bin ich hier?" Und ich hörte, wie der Vater zu mir sagte: „Du bist hier in meinem Vaterherzen! Mein Sohn, komme näher! Wenn du mein Herz tiefer kennen lernst, wirst du einen Raum finden, an dem wir beide uns treffen. In meinem Herzen ist Raum für dich. Ich liebe dich persönlich. Auch wenn das bei der Fülle von Menschen für deinen Verstand nur schwer vorstellbar erscheint – aber in meinem Herzen hat jeder Mensch einen eigenen Lebensraum und speziellen Platz. Das sind die Räume unter dir. Jeder Mensch hat seinen eigenen Raum in meinem Herzen. So auch du. Meine Liebe zu dir ist einzigartig."

Was? Das waren also die Räume im Vaterherzen Gottes? Für jeden Menschen gibt es da einen ganz persönlichen Ort? Ehrfurchtsvoll betrachtete ich die Räume unter mir. Sofort fiel mir auf, dass sie nicht starr waren, sondern eher wie pulsierende lebendige Zellen. Mal zogen sie sich weit auseinander und atmeten geradezu Freiheit. Sogleich musste ich an das Bibelwort aus Psalm 18 denken: „Du stellst meine Füße auf weiten Raum!" Ein anderes Mal zogen sie sich wieder zusammen. Das sah dann wie eine schützende Festung aus. Und ich musste an die feste Burg aus Psalm 91 denken.

Ich war immer noch ganz fasziniert von dem herrlichen Anblick, der sich mir dort bot, als ich mich auf einmal an einem anderen Ort wiederfand. „Vater, wo bin ich jetzt?" – „Du bist jetzt im Raum der Begegnung. In deinem Raum der Begegnung. Das ist dein Raum in meinem Vaterherzen. Hier kommen nur du und ich hinein. Du sollst wissen, dass du einen festen Platz in meinem Herzen hast. Du und ich füllen diesen Raum mit dem Besonderen unserer Beziehung aus!"

Ich drehte mich langsam um und versuchte, meine Augen an die anderen Lichtverhältnisse in diesem Raum zu gewöhnen. Anfangs war ich etwas enttäuscht, denn mein Raum strahlte nicht so bunt und herrlich wie die Fülle der anderen Räume, die ich gerade zuvor noch geschaut hatte. Ich blickte mich suchend um. Waren hier wohl auch meine Predigten zu finden (komisch, das war wirklich mein erster Gedanke – so etwas muss wohl für Pastoren irgendwie wichtig sein...?). Und tatsächlich, sie lagen auf einem Stapel in einer der vielen Ecken dieses großen Raumes. Nicht besonders beeindruckend, aber immerhin, sie waren da. Zunehmend wurde mir der Raum bewusster und zugänglicher. Er entfaltete sich vor meinem Geist in seiner ganzen Schönheit. Jetzt konnte ich tiefer hineinschauen und mehr erblicken. Und je länger ich hinsah, umso begeisterter wurde ich.

Zuerst dachte ich, dass die Wände voller bunter Bilder hängen würden. Doch dann bemerkte ich, dass die Bilder sich bewegten, wie Monitore, auf denen Filme ablaufen. Ich ging näher heran und erkannte jedes einzelne Bild wieder. Es war eine Sammlung von Orten und Momenten, die mir alle sehr vertraut vorkamen. Das waren alles **perfekte Augenblicke** meines bisherigen Lebens, in denen ich mich besonders glücklich gefühlt habe: ...das Rauschen der Niagarawasserfälle, ein Sonnenuntergang am Amazonas, meine Lieblingsbank im Park, Schwimmen im See, befreites Lachen mit Freunden..., alles perfekte Orte und perfekte Augenblicke. Doch dann erschrak ich etwas, denn mir wurde klar, dass ich bei den meisten dieser Momentaufnahmen gar nicht besonders fromm drauf gewesen bin. Ich hatte weder gebetet, noch waren meine Gedanken bei Gott. Wie konnten das dann aber perfekte Augenblicke sein, die Gott in seinem Herzen für mich aufbewahrt? Bevor ich ihn noch fragen konnte, gab er mir bereits die Antwort: „Glaube mir, es gibt keine perfekten Augenblicke ohne mich! Manchmal war dir meine Gegenwart bewusst. Doch oft warst du mehr mit der Schönheit der Natur oder anderen Dingen beschäftigt, als an mich zu denken. Aber ich war dabei und habe diese Augenblicke mit dir genossen, das macht sie zu vollkommenen Momenten für dich und für mich!"

Der ganze Raum war erfüllt mit Düften, Klängen, Musik und Liedern, mit Geschichten, Rhythmen und Bildern. Alles war durchdrungen von göttlicher Ästhetik und perfekter Harmonie, von schöpferischer Macht und grenzenloser Liebe. Dabei kam ich mir aber nicht wie in einem Museum vor, wo man als Zuschauer lediglich die Kunstwerke anderer von außen betrachtet. Hier empfand ich mich viel mehr als aktiv Beteiligter. Irgendwie war ich selber tief drinnen in den Dingen, die ich bewunderte. Ja, ich selber kam mir vor wie ein Teil der Kunst oder gar der Künstler selber oder zumindest wie einer,

der mitmachen durfte. Noch nie hatte ich mich so kreativ gefühlt wie
in diesem Augenblick. Es schien mir, als ob es da gar **keine Begrenzung für Schöpferisches** gäbe. So als sei selbst mir alles möglich.
Alles war in erreichbarer Nähe. Das musste wohl durch die Gegenwart von Abba-Vater kommen. Er ist ja der mächtige Schöpfer und
schon seine Anwesenheit beflügelt unsere Kreativität. Er ist die Quelle aller Inspiration und aller Kunst.

Ich sah auf einmal meine selbst gemalten Bilder und hörte meine
eigenen, von mir komponierten Lieder und erkannte alles Mögliche,
was ich sonst noch kreativ auf die Beine stellte. Also das hätte ich
nun wirklich nicht hier vermutet. Denn ehrlich gesagt, so „berühmt"
finde ich das selber oftmals gar nicht. Aber hier im Raum der Begegnung wirkte es ganz anders. Nicht stümperhaft und unperfekt wie
sonst. Hier erschien mir alles so, als ob das Gütesiegel des Para-
dieses darauf kleben würde: „Und siehe, es ist sehr gut!" – Wieder
mischte sich der Vater in meine Gedanken ein: „Hier sehen wir die
Dinge anders und beurteilen auch mit anderen Maßstäben. Hier gilt
nur eins: das **Maß der Liebe**! Es geht nichts verloren, was du aus
Liebe für mich machst. Und alles, was aus Liebe geboren ist, ist vollkommen in meinen Augen!" In mir brach unbändige Freude durch.
Dann bedeutet es also Gott etwas – meine Art, wie ich ihn anbete!
So wie ich kann ihn kein anderer Mensch lieben! Es ist ihm
kostbar, was ich zu geben habe. Meine Liebe ist für ihn etwas ganz
Besonderes! Halleluja!

Ich kam aus dem Staunen gar nicht mehr heraus. Da waren
Denkmäler und Vergissmeinnicht, Bücher der Erinnerungen, Altäre
der Anbetung, Wundersammlungen und Chroniken der Dankbarkeit, Erzählungen von gemeinsamen Abenteuern, Liebesgeschichten
– und meine geistlichen Tagebücher. Daneben stand die Schatztruhe
mit aufbewahrten Worten Gottes und Verheißungen. Viele himmlische Requisiten, wie das Kreuz, Brot und Wein, eine Posaune, eine
Krone, ein weißes Tuch, die Taube..., sie alle kamen in mein Blick-
feld. Ich konnte mich gar nicht satt genug daran sehen. Alles hier in
diesem Raum hatte Bedeutung. Ich empfand einen tiefen Frieden in
mir. So wie Zuhause angekommen sein. Lautlose Seligkeit. Einklang
der Herzen. Ineinander verwoben und eins sein. Gefülltes Schweigen. Am Ziel angekommen sein.

Alles im Raum schien in **Bewegung** zu sein. Aber ohne Hektik.
Und doch mit spürbarer Dynamik. Die **Ruhe des Himmels** erfüllte

mein ganzes Sein. Hier im Vaterherzen Gottes gibt es keinen Stillstand, keine Langeweile, keine abgestandene Luft. Ständig geschieht
etwas Neues, aber ohne Stress. Mich beglückten scheinbar zufällige
Konstellationen, die sich da ergaben und doch von Vaters ordnender
Hand in Präzision herbeigeführt. Ich kann immer noch die Leichtigkeit spüren, die alles an diesem Ort durchflutet.

In der Mitte des Raumes – aber gibt es da überhaupt eine Mitte?
– sah ich etwas wie fließende Substanz. Wie goldfarbene Seide. So
leicht und sanft, so glitzernd und transparent. Ich wusste sofort, dass
ist **die Herrlichkeitswolke Gottes**. Sie hüllte mich ein, wie einen
Mann in einen Mantel. Sie wickelte mich ein, wie ein Baby in eine
flauschige Decke. Sie umgab mich wie der Schleier eine Frau umhüllt, die zum Brautaltar geführt wird. Mal brachte sie mich zum Lachen und dann wieder zum Weinen. Mal brachte sie Heilung und
dann wieder Befreiung. Ich durchlebte das alles nur durch die zarte
Berührung mit dieser Substanz des Himmels. Und in jeder Emotion
war ein **ganz tiefer Friede** zu spüren. Himmlische Ruhe. Sabbatru-
he im Vaterherzen Gottes. Tiefes Wissen: **Alles wird gut, denn alles ist bereits vollbracht!**

Das Leben danach

Wie lebt man nach einem Wunder Gottes weiter?

Ich habe mir schon oft die Frage gestellt, wie es wohl Moses nach
dem brennenden Dornenbusch ergangen ist? Oder Jesaja nach der
Vision im Tempel? Oder den drei Jüngern nach dem Berg der Verklärung? Oder Bartimäus nach seiner spektakulären Heilung von
Blindheit? Oder Lazarus nach seiner Auferweckung? Oder Paulus
nach seiner Entrückung bis in den dritten Himmel? Oder dem Apostel Johannes nach seinen Einblicken in Gottes neue Welt? – Wie lebt
man danach weiter? Kann man das Hochgefühl beibehalten? Oder
kommt doch zwangsläufig der ernüchternde Absturz?

Ich hatte auch meine Befürchtungen, dass es nicht so leicht sein
würde, von meinem „Gipfel der Herrlichkeit" wieder zurück ins Tal
der Alltäglichkeiten zu kommen. Umso mehr bin ich dankbar, dass
dieses Erlebnis im „Raum der Begegnung" im Vaterherzen Gottes
kein einmaliges Highlight gewesen ist, wie man das manchmal von
inspirierenden Freizeiten und Konferenzen her kennt. Vielmehr hat

diese Erfahrung mein Zusammenleben mit Gott im täglichen Leben tiefgreifend transformiert.

Das Wissen um diesen Ort, meinen Raum der Begegnung, ganz nahe im Vaterherzen Gottes, hat meine ganze Sicht vom Leben verändert. Gott ist mir nahe! Er ist mein Immanuel. Gott für mich. Gott bei mir. Er will, dass diese Gewissheit das prägendste Gefühl meiner Existenz wird. Seine große Liebe ist mein ewiges Zuhause. Jetzt schon und bis in alle Zeiten.

Nenne es den Schoß von Vater-Gott. Nenne es die offenen Arme Jesu. Nenne es den Gnadenthron. Nenne es Narnia, wie C.S. Lewis. Ich nenne es den Raum der Begegnung im Herzen von Abba. **Zu jeder Zeit darf ich dort hinkommen. Ich schließe meine Augen und schon betrete ich diesen herrlichen Ort.** Er ist nur ein Gebet weit entfernt. Jedes Mal wartet der Vater schon dort auf mich. Ich kann es überall erleben. Selbst in den banalsten Umständen des Alltags: beim Stau im Verkehr, beim Warten an der Kasse im Supermarkt, im Beruf am PC, beim Hausputz, auf dem Krankenbett, vor dem Einschlafen..., ich trage mein „Stilles Kämmerlein" immer bei mir. Es ist im Herzen meines himmlischen Vaters, und der ist hier ganz nahe bei mir. Überall ergeben sich neue wunderbare Gelegenheiten, sich mit dem Vater zu treffen.

Seit jener intensiven Erfahrung vor einigen Jahren versuche ich sooft es geht, an diesen wunderschönsten Ort zu gelangen und die Gegenwart Gottes zu genießen. Oft, wenn ich die Augen schließe, sehe ich, wie mein Vater und ich an einem Strand spazieren gehen, oder wir sitzen auf einer Parkbank, bestaunen ein Bergpanorama und plaudern, oder wir segeln mit dem Wind auf dem schäumenden Meer..., er ist mir so nahe in meiner Welt und auch seine Welt ist mir spürbar nahe gekommen.

Ich vermute, dem einen oder anderen Leser wird das ziemlich exotisch vorkommen, was ich da erlebt habe und immer wieder neu erlebe. Wie ich bereits sagte, hat Gott uns Menschen sehr unterschiedlich geschaffen und deshalb haben wir auch verschiedene Zugänge zu seinem Herzen. Und das ist auch gut so!

Aber in jeder Gottesbegegnung stecken Wahrheiten, die für alle gelten und wichtig sind. Die **Grundwahrheiten**, die dieses Erlebnis, das ich mit dem Vaterherzen Gottes machen durfte, unterstreichen Folgendes:

- Gott, der Vater, hat für jeden Menschen einen besonderen Platz in seinem Herzen.
- Die perfekten Momente unseres Lebens werden erst dadurch vollkommen, weil der Vater sie mit uns gemeinsam erlebt.
- Deine Art der Anbetung ist für den Vater sehr kostbar und einzigartig – so wie du kann ihn kein anderer lieben.
- Es geht nichts verloren, was du aus Liebe für ihn tust. Liebe ist das Maß. Alles, was aus Liebe geboren ist, ist vollkommen in Gottes Augen.
- Abba-Vater ist ganz nahe. Nur ein Gebet weit entfernt. Er wartet dort auf uns und will Zeit mit uns verbringen.
- Wenn wir beim Vater sind und zur Ruhe kommen, dann sind wir am Ziel unserer Träume angelangt.

Jesus im Raum der Begegnung

Kannte auch Jesus, als er hier auf der Erde lebte, diesen Raum der Begegnung im Vaterherzen Gottes? Ich glaube ja und habe dazu einige Spuren entdeckt, die ich jetzt gerne hier weiter verfolgen möchte.

Zunächst lesen wir in Johannes 1, 18 diese erstaunliche Äußerung: *„Niemand hat Gott jemals gesehen; der eingeborene Sohn, der in des Vaters Schoß ist, der hat ihn kundgemacht."* Hier wird uns Jesus vorgestellt, als der Sohn auf dem Schoß des Vaters. Das ist ja eine ganz intime Umschreibung für Nähe und Vertrautheit mit dem Vater. Und zwar als eine durchgängige Erfahrung. Die griechische Zeitform drückt aus, dass der Sohn fortwährend den Schoss des Vaters aufsucht und dort zu finden ist.

In der Bergpredigt (Matthäus 5-7) erwähnt Jesus mehrmals den „verborgenen Ort", besonders in Matthäus 6, 6: *„Wenn du aber betest, so geh in deine Kammer und nachdem du deine Tür geschlossen hast, bete zu deinem Vater, der im Verborgenen ist. Und dein Vater, der im Verborgenen sieht, wird dir vergelten."* Jesus kannte diesen Ort im Verborgenen. Dort wohnt sein Vater. Dort soll es zu einer lohnenden, beglückenden Begegnung mit ihm kommen.

In diesem Zusammenhang bekommen auch die 40 Tage Wüstenzeit in Matthäus 4 eine neue Bedeutung. Wir verbuchen diese Episode fast ausschließlich als Kampf mit Luzifer und nennen es die

„Versuchungsgeschichte Jesu". Dabei überlesen wir etwas. In Matthäus 4, 1 steht: *„Dann wurde Jesus vom Geist* (Gottes) *in die Wüste hinausgeführt..."* Mit anderen Worten, Jesus hatte zunächst ein Rendezvous mit dem Vater in der Wüste, initiiert vom Heiligen Geist, bevor es <u>nach</u> den 40 Tagen zu der Auseinandersetzung mit Satan kam. Wer schon einmal längere Zeit gefastet hat, weiß, dass das eine ganz besonders beglückende Zeit sein kann, und nicht so schrecklich, wie manch einer sich das ausmalt. Könnte es sein, dass Jesus hier beim Vater im Raum der Begegnung war und sich im Geist stärkte, bevor es zum Kampf kam?

Einen weiteren Hinweis finde ich in Matthäus 11, 25: *„Zu jener Zeit begann Jesus und sprach: Ich preise dich, Vater, Herr des Himmels und der Erde, dass du dies <u>vor Weisen und Verständigen verborgen und es Unmündigen geoffenbart hast...</u>"* Jesus hat gerade eine scheinbare Niederlage erlebt. Er geht durch Frustrationen. Was macht er da? In seiner Not sucht er den verborgenen Ort auf, dort wo der Vater wohnt und füllt sich (wie ein kleines, unmündiges Kind) mit Offenbarungen aus dem Vaterherzen Gottes, bis er wieder so voll ist, dass er erneut überfließt und in Vers 28 sagen kann: *„Kommet her zu mir, alle ihr Mühseligen und Beladenen. Und ich werde euch <u>Ruhe</u> geben...!"* Jesus kannte den Ruhepol, ganz nahe am Vaterherzen Gottes. Dort konnte er abladen und wieder frei werden für seinen Dienst.

Am deutlichsten sehen wir Jesus auf dem so genannten „Berg der Verklärung", in seinem Raum der Begegnung ganz nahe beim Vater. In Matthäus 17, 2+5 lesen wir: *„Und Jesus wurde vor ihnen <u>umgestaltet</u>* (= verklärt, transformiert). *Und sein Angesicht leuchtete wie die Sonne, seine Kleider wurden weiß wie das Licht..., siehe, da überschattete sie eine lichte Wolke, und siehe, eine Stimme kam aus der Wolke, welche sprach: Dieser ist mein geliebter Sohn, an dem ich Wohlgefallen gefunden habe. Ihn hört!"* Immer wieder muss Jesus diese Worte des Vaters hören. Immer wieder braucht er die Vergewisserung seiner Liebe. Deshalb suchte er solche Orte auf: Berge, Wüsten, Strände, Gärten..., die Zweisamkeit. In der unmittelbaren Nähe zum Vater wird sein Glaube gestärkt und seine wahre Identität gefestigt.

Aber auch mitten im Trubel unter den Menschenmassen konnte er den Blick erheben und den Vater entdecken, wie etwa in Johannes 11, 41+42: *„Jesus aber hob die Augen empor und sprach: Vater, ich*

danke dir, dass du mich erhört hast. Ich aber wusste, dass du mich allezeit erhörst, doch um der Volksmenge willen, die umhersteht, habe ich es gesagt, damit sie glauben, dass du mich gesandt hast."
All diese Hinweise zeigen mir deutlich, dass Jesus auch den Raum der Begegnung im Vaterherzen Gottes persönlich kannte und sooft er konnte aufsuchte.

Was andere erlebt haben

Manch einer mag fragen: Muss man da eine „mystische Ader" haben, um so etwas auch erleben zu können? – Ich glaube, nicht unbedingt. Sicherlich haben es Menschen leichter, die einen eher intuitiven Zugang zu Gott finden, sich für diese Art von Gotteserfahrung zu öffnen. Mittlerweile konnte ich schon vielen Menschen dabei helfen, ihren eigenen Raum der Begegnung im Vaterherz Gottes zu entdecken (ich will dabei mein eigenes Erleben gar nicht überbewerten oder verabsolutieren); und das waren Menschen von ganz unterschiedlicher Frömmigkeit und verschiedenen Persönlichkeitstypen. Es erscheint mir demnach eher eine Frage zu sein, ob jemand dies als einen hilfreichen Schritt auf seinem Weg, Gott näher zu kommen, annehmen kann und sich dafür öffnet. Oder hat man Ängste und Ressentiments, weil das Ganze zu „verdächtig charismatisch" erscheint und an „Traumreisen" erinnern könnte.
Ich kann hier nur bezeugen, wie viele Menschen in den vergangenen Jahren sich selber aufgemacht haben, bewusst ihren Raum der Begegnung im Vaterherzen Gottes aufzusuchen und dort Herrliches erlebten. Nun könnte ich Dutzende von beglückenden Geschichten berichten. Im Folgenden gibt es nur eine kleine Kostprobe davon:
Ich denke an jenes jüngere Pastorenehepaar, das damals sehr müde und ausgebrannt zu meiner Frau und mir kam, um ihre Herzen auszuschütten. Nachdem ich ihnen von diesem herrlichen Ort, ganz nahe bei Abba-Vater, erzählt hatte, beteten wir für die beiden, dass der Heilige Geist ihnen doch ihren Raum der Begegnung offenbaren möge. Plötzlich sagte die junge Frau ganz aufgeregt: „Ja, ich sehe diesen Raum – und ich sehe dort ein Surfbrett...!" Sie konnte es kaum fassen, dass so etwas „Unheiliges" bei Gott Beachtung findet. Bei näherem Nachfragen kam heraus, dass sie selber leidenschaft-

lich gerne surfte und für sie Surfen ein Inbegriff für Lebensfreude ist.
Ich fragte sie: „Könnte es sein, dass der Vater gerne mit dir surft und
dir dabei ganz nahe sein will?" – Heute lebt die junge Frau, zusammen mit ihrem Mann, in einer tiefen Freundschaft zu Abba-Vater
und hat mehr und mehr entdeckt, dass Gott auch in den unschein-
baren Dingen des Lebens zu finden ist.

Bei einem Seminar lud ich die Teilnehmer ein, Gott im Gebet zu
bitten, dass er ihnen jeweils ganz persönlich ihren Raum der Begegnung zeigen möge. Nach einer gewissen Zeit fragte ich die Anwesen-
den, wem das eine Hilfe war und wer etwas in seinem Raum gesehen
hätte. Etliche meldeten sich und erzählten am Mikrofon ihre bewegenden Geschichten. Besonders eine Begebenheit ist mir in meiner
Erinnerung haften geblieben. Eine Frau erzählte, dass sie Gott bat,
auch ihr diesen Raum in seinem Vaterherzen aufzutun. Sogleich sah
sie einen großen Raum, in dem Gott als Vater auf sie wartete. Aber
was sie dabei irritierte, waren die Farben des Himmels über ihr, denn
der Himmel war grün und violett. Zunächst verstand sie das nicht.
Doch dann brachte der Heilige Geist eine schmerzhafte Erinnerung
in ihr hoch. Das lag viele Jahrzehnte zurück. In der Schule sagte die
Lehrerin damals: „Heute dürft ihr Fantasiebilder malen. Malt, was
euch in den Sinn kommt...!" Und diese Frau malte als kleines Schul-
mädchen ihr Fantasiebild. Sie konnte sich genau daran erinnern. Sie
malte einen Himmel in grün und violett. Als die Lehrerin das sah,
wurde diese ganz wütend und schimpfte, und meinte nur, dass ein
grün-violetter Himmel unmöglich sei. Dieses Ereignis hatte unsere
Frau so eingeschüchtert, dass sie sich später nicht mehr so mutig
vorwagte und sich in ihrer Kreativität gebremst fühlte..., und nun sah
sie in ihrem Raum der Begegnung den grün-violetten Himmel und
der Vater sagte ihr, dass er ihr Fantasiebild sehr schön fand und überhaupt ihre Art von Kreativität liebe. Können wir uns vorstellen, was
das für diese Frau bedeutet hat?!

Jemand anderes sah dort im Raum der Begegnung das Bild
eines Menschen, den er abgrundtief hasste, weil dieser ihn so sehr
verletzte hatte. Er erschrak total darüber. Wie konnte nur dieser böse
Mensch hier hereinkommen? Wie konnte der Vater das nur zulas-
sen? Aber als er das Bild seines Feindes dort in der Gegenwart Gottes sah, passierte ganz tief in ihm etwas. Er konnte vergeben. Er
wusste auf einmal, dass Gott schon längst vergeben hatte und auch
diesen Menschen liebte. Wie konnte er ihn dann noch hassen?

Ich könnte jetzt noch viele Geschichten von Inline-Skatern, langen weißen Stränden und Pferderücken erzählen..., das alles und noch viel mehr befindet sich nämlich unter anderem in den Räumen im Herzen des Vaters. **Wie mag es wohl in deinem Raum der Begegnung aussehen? Bist du schon einmal bewusst dort gewesen?** Wenn ja, dann willst du sicherlich gleich wieder auf seinen Schoß krabbeln. Wenn nicht, dann lade ich dich ein, dir jetzt Zeit zu nehmen und den Vater im Gebet zu bitten, dass er dir ein Stück seines Herzens zeigt.

Persönliche Checkliste

1. Welche Erkenntnis ziehst du aus den Grundwahrheiten meines
   Erlebnisses?

   _____

   _____

   _____

   _____

2. Was ist deine besondere Art der Liebe, mit der du Gottes Herz
   erfreuen kannst?

   _____

   _____

   _____

   _____

3. Wie sieht wohl dein Raum der Begegnung im Vaterherzen Gottes
   aus?

   _____

   _____

   _____

   _____

8. Kapitel

Lieder sagen mehr

Einmal gesungen ist zweimal gebetet

Wer hat das noch mal gesagt?

Wie würde wohl eine Welt ganz ohne Lieder und Musik aussehen?

Warum nur füllen Menschenmassen große Säle und riesige Stadien, um bei Konzerten stundenlang dazusitzen und zu lauschen?

Weshalb werden täglich neue Liebeslieder geschrieben, obwohl es doch bereits schon Milliarden davon gibt?

Kann mir einer verraten, wozu es derartig viele unterschiedliche Musikstile geben muss?

Lieder sagen mehr als bloße Worte! Ein Lied spricht den Menschen in seiner Ganzheit an: Leib, Seele und Geist. Der Rhythmus wirkt auf unseren Körper. Unser Herzschlag ist wie ein Ur-Rhythmus. Mit unseren Händen wollen wir gerne dazu klatschen, mit den Füßen den Takt stampfen, mit dem ganzen Körper uns dazu bewegen, bis hin zum Tanzen. **Die Melodie verbreitet Atmosphäre und spricht zu unserer Seele.** Sie drückt Stimmungen aus oder erzeugt welche. Es gibt fröhliche und traurige Lieder. Musik, die uns beruhigt oder aufwühlt. Unsere Gefühle werden durch Musik stimuliert. **Der Text spricht unseren Verstand an.** Harmonie von Wort und Klang wirken hier zusammen. Es geht um bewusste Inhalte. **Darüber hinaus gibt es noch eine höhere, geistliche Ebene: Welche Ausstrahlung hat ein Lied? – Hier wird unser**

Geist, der innere Mensch, angesprochen. Die Musiker sprechen
in ihrem Fachjargon von „good or bad vibrations". Wir meinen damit, ob ein Lied Gott verherrlicht und seinen Werten entspricht, oder
ob dadurch Dunkelheit verbreitet wird.

In allen Epochen der Menschheit, in allen Kulturen und auch in
allen Aufbrüchen der Kirchengeschichte spielen Lieder und Musik
eine immens große Rolle. Jede Zeit brachte neue Ausdrucksformen
und Klänge hervor. **Musik ist wie eine internationale Sprache,
die alle Menschen verstehen können; wie eine Brücke über
Zeit und Raum; wie ein Stück Himmel auf Erden.**

Ein Stück Himmel auf Erden

Tatsächlich scheint der ganze Himmel von Lobpreis und Liedern erfüllt zu sein, wenn wir die Offenbarung des Johannes lesen. In Offenbarung 4+5 wird uns ein kleiner Einblick in den himmlischen Gottesdienst gewährt. Was wir da zu hören und zu sehen bekommen, ist
schon erstaunlich: bunte Formen und Farben, Herrlichkeiten aller
Art, Himmelswesen..., und das neue Lied (Offenbarung 5, 9). Im
Verlauf des ganzen Buches finden wir mehrere Passagen, in denen
die Größe und Allmacht Gottes besungen und proklamiert werden
(siehe: Offenbarung 1, 5+6; 4, 8; 4, 11; 5, 9+10; 5, 12-14; 7, 10-12;
11, 15-17; 12, 10-12; 14, 1-5; 15, 2-4; 19, 1-5; 19, 6-10; 21, 1-5). In
Gottes neuer Welt gibt es nur eines, was zählt: **die Verherrlichung
Gottes.** Und Lieder spielen dabei eine sehr große Rolle.

Musik, Anbetung und Lobpreis, Gedichte und Klagelieder durch-
ziehen die ganze Bibel. Das Buch der Psalmen steht nicht umsonst
in der Mitte der Schrift und wirkt wie ein Stück „Evangelium" im Alten Testament. Auch hier gilt bereits, dass Lieder mehr sagen können als theologische Abhandlungen. Die Psalmen sind gesungene
Gebete. Gebete einzelner oder der ganzen Gemeinde. Sie sind Ausdruck von persönlicher Gottesbegegnung. In ihnen spiegelt sich die
Bandbreite des ganzen Lebens wider, von der Klage bis hin zum Jubel, von laut bis leise, von froher Gewissheit bis zum depressiven
Zweifel, von leidenschaftlicher Hingabe bis zum Zorn des Nichtver-
stehens.

Das hebräische Wort „Halleluja" (= preist den Herrn!) ist eins der
bekanntesten Worte der Bibel. Unser Gott will angebetet werden.

Immer wieder fordert er uns auf, Lobpreis mit allen Sinnen, Gaben und Fähigkeiten ihm zu bringen. Paulus vertieft das in Kolosser 3, 16+17: *„Seid dankbar! Das Wort des Christus wohne reichlich in euch; und in aller Weisheit lehrt und ermahnt euch gegenseitig! Mit Psalmen, Lobliedern und geistlichen Liedern singt Gott in euren Herzen in Gnade! Und alles, was ihr tut, im Wort oder Werk, alles tut im Namen des Herrn Jesus, und sagt Gott, dem Vater, Dank durch ihn!"* **Somit soll unser ganzes Leben ein Lobpreis Gottes sein!**

Nicht erst im Himmel werden wir in Ewigkeiten unseren Gott anbeten, sondern schon hier auf der Erde dürfen wir ihn mit unserem kleinen Leben verherrlichen. Und jedes Mal, wenn wir das tun, sind wir ihm ganz nahe. Schließlich hat er in Psalm 22, 4 versprochen, **dass er im Lobgesang seiner Kinder wohnt**! Das heißt, dass dort, wo wir ihn anbeten, jedes Mal ein Stück Himmel auf Erden zu finden sein wird!

Die Hütte Davids

Im Alten Bund war über lange Zeit die Stiftshütte der Ort, an dem Israel seinen Gott angebetet hat. Es ist ein trauriges Kapitel in der Geschichte Israels, wie das Zelt der Begegnung mit der Bundeslade in Vergessenheit geriet (siehe: 2. Samuel 6+7 / 1. Chronik 13-16). Erst König David erinnerte sich wieder daran und brachte den „Thron Gottes" nach Jerusalem. Dort ließ er ein neues Zelt errichten, in dem die Bundeslade aufgestellt wurde. **Dann berief er Musiker und Sänger, Priester und Leviten, Torhüter und die Söhne Asafs…, die sollten vor dem Thron Gottes Tag und Nacht den Herrn anbeten, 24 Stunden lang, ohne Unterbrechung. Man nannte das die „Hütte Davids".** David hatte wirklich das Herz eines Anbeters. Viele Lieder in den Psalmen stammen aus seiner Feder. Nicht zu vergessen sein großer Hit: Psalm 23. Das machte ihn so einzigartig für unsern Gott! Keinen anderen Menschen auf der Welt nannte Gott so wie König David „einen Mann nach seinem Herzen"! Es war seine schlichte und liebevolle Anbetung, die das Herz Gottes berührte und eroberte.

Im Propheten Amos 9, 11 finden wir die Verheißung, die dann viele Jahrhunderte später in der Apostelgeschichte 15, 16+17 in Erfüllung geht: *„Nach diesem will ich zurückkehren und wieder aufbau-*

en die _Hütte Davids,_ die verfallen ist, und ihre Trümmer will ich wieder bauen und sie wieder aufrichten, damit die übrigen der Menschen den Herrn suchen und alle Nationen, über die mein Name angerufen ist, spricht der Herr, der dieses tut." Gott erinnert sich an diesen Ort der Anbetung. Dieser Ort ist kostbar für ihn, deshalb will er ihn wiederherstellen. **Der Vater will und wird die „Hütte Davids" wieder aufbauen, das heißt: seine kontinuierliche Anbetung unter allen Nationen und Generationen. Herrlich, frei und kreativ.** Mit dem Kommen des Messias, Jesus Christus, hat er den Weg zum Gnadenthron frei gemacht. Und durch die Ausgießung des Heiligen Geistes hat er den „Geist der Anbetung" in die Herzen seiner Kinder gebracht. So hat der Vater angefangen, die „Hütte Davids" wieder aufzurichten. Und er ist bis heute noch dabei!

Der Mainstream von Lobpreis- und Anbetungsliedern

Zu allen Zeiten war Kirchenmusik ein Indikator von geistlichem Leben. Jeder geistliche Aufbruch brachte neue Lieder hervor. Zeitgemäße Melodien, Texte, die den aktuellen Glauben ausdrücken und kreative Formen der Kunst, die die jeweilige Sicht von Gott widerspiegeln. Ohne die begeisternde Liebe zu Gott hätten wir keinen „Messias" von Händel, keine Oratorien von Bach, kein „Amazing grace", keine Gospels, kein „Oh happy day", kein „Großer Gott, wir loben dich", keine Choräle, keine „Stille Nacht" und auch keine Chorusse, keine Songs, die uns durch den Tag begleiten. **Das sind alles Lieder, die aus einer tiefen Liebe und Sehnsucht nach Gott entspringen. Deshalb sind sie zeitlos.**

Dennoch hat jede Zeit ihre eigenen Lieder, die kommen und gehen. Sie sind Zeugen für Vergangenes. Für vergangene Segnungen, die wir nicht festhalten können. In Apostelgeschichte 13, 36 lesen wir, dass David „seiner Generation nach dem Willen Gottes" diente. Mit anderen Worten, **jede Generation ist neu herausgefordert, den Willen Gottes für die jeweilige Situation herauszufinden und umzusetzen. Das gilt auch für die zeitgemäße Art und Weise der Anbetung Gottes!**

Als die erste Orgel („ein weltlich Ding"?) in einer Kirche aufgestellt wurde und man dazu fromme Choräle sang, ging ein Aufschrei der Empörung durch die Christenheit. Als man Jahrhunderte später, nachdem allerorten die Orgel zum vorherrschenden Kircheninstrument geworden war, mit E-Gitarre und Schlagzeug (mit weltlicher Rockmusik?) Jesus-Lieder sang, ging wieder ein Aufschrei durch die Reihen – wie konnte man nur solche „Dschungelklänge" gegen die „heiligen Töne" einer Orgel eintauschen...? Und als dann fast jeder eine Band in seiner Kirche hatte, fingen einige an, beim Singen ihre Hände zu heben und sich im Rhythmus der einfachen Chorusse (das klingt ja wie Popmusik aus dem Radio?) mit ihren Körpern zu bewegen (wie gefühlsbetont?) – da war nun doch für viele die Grenze überschritten. Heute werden diese Lobpreislieder fast in jeder Kirche und Freikirche gesungen. – Wann werden wir es endlich verstehen?!

Unsere frische Liebe zu Gott wird immer wieder Neues hervorbringen. Neue Leidenschaft und neue Offenbarungen, neue Bilder und neue Lieder, neue Frömmigkeitsstile und Ausdrucksformen. Unsere Aufgabe ist es, Gott zu verherrlichen, – persönlich-authentisch und passend zu unserer Zeit. Wie sieht Anbetung im 21. Jahrhundert aus? Natürlich inspirieren uns dabei die großen Meister der Kunst aus der Vergangenheit, aber sie allein können nicht die Antwort für unsere Generation bieten. Unser Abba-Vater schafft etwas Neues! Er baut sein Zelt der Begegnung unter den Nationen bis auf den heutigen Tag.

Bei aller Vielfalt von musikalischen Geschmacksrichtungen wird sich dem aufmerksamen Beobachter weltweit ein bestimmtes Bild erschließen: es gibt doch so etwas, wie einen Hauptstrom, einen **„Mainstream in der christlichen Anbetungs- und Lobpreisszene".**

Mir sind dabei folgende **Merkmale für zeitgemäße Anbetungs- und Lobpreismusik** aufgefallen:

• **Anbetungs- und Lobpreiszeiten** gehören in fast allen Freikirchen sowie vielen erwecklichen kirchlichen Kreisen zum Erscheinungsbild. Sie sind fester Bestandteil eines Gottesdienstes. Darunter versteht man das Singen überwiegend neuer Kirchenlieder, sowie das persönliche Mitbeten und das spontane sich Miteinbringen können.

• Die Musik ist geprägt von **zeitgemäßen, modernen Klängen**. Instrumente wie Keyboard, Gitarre, E-Bass und Schlagzeug sind vorherrschend. Eine Bandformation begleitet meistens den gemeinsamen Gesang.

- In fast allen erwecklichen christlichen Gemeinschaften (unseres Landes) haben Lobpreis- und Anbetungslieder von „Asafs Töchtern und Söhnen" aus dem **englischsprachigen Raum** (Großbritannien, Nordamerika, Südafrika und Australien) Einzug gehalten. Sie klingen melodiös und populär, sie sind leicht eingängig und laden zum schnellen Mitsingen ein. Von den jungen Leuten werden sie im englischen Originalton bevorzugt, von den älteren Semestern in deutscher Übersetzung (die unterschiedlich gut ausfallen kann).

- In den letzten Jahren haben aber auch zunehmend mehr heimische christliche Liedermacher mit ihren **deutschsprachigen, aktuellen Songs** die Lobpreisszene im Land bereichert. Manche Lieder konnten sich flächendeckend durchsetzen. Anderes Selbstgestricktes bleibt eher lokal beschränkt. Auffallend ist die Fülle von neuem Liedgut.

- Die meisten Lieder sind **gefühlsbetont und/oder rhythmisch**. Die Texte reichen von schlichten, biblischen Wahrheiten über Poesie bis hin zur Beschreibung der Nachfolge.

- Auch in der **persönlichen Frömmigkeit** der meisten Christen haben diese Lieder Eingang gefunden. Sie bereichern und vertiefen die „Stille Zeit", egal ob man ihnen per CD zuhört oder selber mitsingt.

- **Tanz und Bewegungen** gehen mit den rhythmischen Liedern einher. Man bewegt sich zu bewegender Musik. Aufstehen, Händeheben, Klatschen, Mitswingen bis hin zu spontanem Applaus sind erwünscht und erlaubt.

- Weitere **kreative Ausdrucksformen** wie der Einsatz von bunten Flaggen und Tüchern, Symbolen und Dekoration, sowie optischen Elementen per Beamer-Präsentation fließen vielerorts mit ein. So findet man auch einen neuen Zugang zu anderen Künsten, wie Malen, Schreiben und Gestalten etc.

- **Spontane Reaktionen** sind wichtig. Und selbst charismatische Äußerungen, wie prophetische Worte und visionäre Bilder oder Segnungsgebete, gehören mittlerweile in den Erwartungshorizont für solche Zeiten der Nähe Gottes an vielen Orten (auch von Gruppierungen, die sich eher als „nicht-charismatisch" verstehen würden).

• **Zeiten der Stille** und des staunenden Schweigens werden zunehmend mit aufgenommen. In einer reizüberfluteten Welt wirken solche Augenblicke wie Oasen des Friedens.

Vorsicht: Abseitsfalle!

So erfreulich diese weltweite Entwicklung ist, die sich auch in unserem Land wieder finden lässt, so wachsam müssen wir dabei sein. Das Gute ist oftmals der Feind des Besten! Wir müssen auch die andere Seite der Wahrheit im Blick behalten: Wahre Anbetung ist mehr als Lieder singen, schöne Gefühle und etwas Happening! Lobpreis ist mehr als meine Lieblingssongs und mein bevorzugter Frömmigkeitsstil! **Wo Anbetung zum Ego-Trip entartet, bauen wir nicht mehr mit an der „Hütte Davids", sondern an unserem persönlichen „Bless-me-Lord-Clubhaus".**

Es macht Abba-Vater ganz bestimmt keine Ehre, wenn Glaubenskriege um das richtige Liedgut oder die angemessene Form der Präsentation geführt werden. Zu lange stand ich selber zwischen den Fronten, in den Kriegsgräben zwischen „Choral und Chorus". **Dabei brauchen wir doch beides – jedes zu seiner Zeit!** Wir brauchen das Frische-Neue, aber auch das Altbewährte. Wir brauchen die neuen Lieder und Formen, aber auch die alten Himmelskünstler und zeitlosen Evergreens des Reiches Gottes.

Wir würden wirklich ärmer sein, wenn wir unsere Freundschaftszeit mit Abba-Vater der bunten, vielfältigen Fülle von Liedern und Gestaltungsmöglichkeiten beraubten. Dann würden wir nur in die Abseitsfalle von Stolz und Religiosität tappen. Unser Vater-Gott ist der Schöpfer aller Dinge. Bei ihm gibt es keinen Stillstand und keine Endloswiederholungen. Er holt Altes und Neues aus dem Schatz hervor. Und das sollten wir auch tun, wenn wir ihn anbeten.

Anbetung für den Vater

Jesus Christus, der wunderbare Sohn des himmlischen Vaters, verrät uns etwas sehr Intimes in Johannes 4, 23+24: *„Es kommt aber die Stunde und ist jetzt, da die wahren Anbeter den Vater im Geist und in der Wahrheit anbeten; denn auch der Vater sucht solche als seine*

Anbeter. Gott ist Geist, und die ihn anbeten, müssen in Geist und Wahrheit anbeten." Gott will die Hütte Davids aufbauen. **Unser Abba-Vater hält Ausschau nach Anbetern.** Das könnte man auch missverstehen, so als ob Gott ein Defizit an Lob hätte und nun scharf darauf wäre, dass wir ihm alle sagen, wie wunderbar er sei. Das klingt nach Eigenlob und Profilneurose. Doch dafür ist unser himmlischer Vater absolut nicht anfällig! – Wie ist das aber dann zu verstehen?

Wenn wir Gott anbeten durch den *Heiligen Geist,* der die Liebe Gottes in Person ist und ausgegossen ist in unsere Herzen; wenn wir ihn anbeten in unserem Innersten, im *Geist* unseres Menschseins, mit den erleuchteten Augen unseres Herzens; wenn wir ihn anbeten im Licht der *Wahrheit der Bibel,* im Einklang mit all den herrlichen Offenbarungen über seine Gnade und Güte und sein *wahrhaftiges Wesen* aufgedeckt *in Jesus Christus* sehen – das bedeutet: **in Geist und Wahrheit – wenn wir so den Vater anbeten, dann muss mit uns selber etwas passieren.**

Niemand kann den Gott der Liebe anbeten, ohne dabei von dieser Übermacht an Liebe überwältigt zu werden. Mit anderen Worten, unser Vater sucht nicht den Eigenruhm. Er will Menschen haben, die ihn anbeten und dadurch selber tiefer in das Wunder seiner Liebe hineingezogen werden.

Wie oft habe ich das schon in meiner Freundschaft mit Abba-Vater erlebt? Ich komme zu ihm, mache mich auf, hole meine Gitarre und singe ihm ein paar schlichte Liebeslieder. Vielleicht hatte ich anfangs gar keine Lust dazu und auch keine schönen Gefühle dabei. Ich tat es, weil ich ihm eine Freude damit machen wollte (mittlerweile kann ich es schon ein wenig mehr glauben, dass er mein Singen wirklich liebt). Und während ich singe, kommen seine Herrlichkeit und Liebe ganz neu über mich. Sie schlagen wie Wellen über meinem Herzen zusammen und hüllen mich in diese wohlige Wärme ein, die ich so gut kenne. Eigentlich wollte ich ihn beschenken, aber am Schluss gehe ich wieder als Gesegneter davon. Kennst du das auch?

Siehst du, dass meint der Vater damit: Er sucht unsere Anbetung; damit lockt er uns an, aber nur um uns noch mehr mit seiner Liebe zu überhäufen. Er ist doch nicht eitel und selbstgefällig. Vielmehr ist er der große Pädagoge und Liebhaber, der genau weiß, wie wir als seine Kinder „ticken". Er weiß, wie schwer es uns fällt, seiner Liebe zu vertrauen. Und er wird niemals müde, uns immer wieder neu die Augen dafür zu öffnen, wie liebevoll er in Wahrheit ist.

Der Vater singt

Nicht nur ich singe meine Liebeslieder zum Vater. Ja, auch er singt seine Vaterlieder für mich! In der Bibel finde ich dafür ein paar Beispiele: Jesaja 43, 1-7; Jesaja 46, 3+4; Jesaja 66, 10-14; Jeremia 31, 20; Hosea 11, 1-9. Der Vater singt über mir! Manchmal, wenn ich still werde und in mich hineinhorche, dann höre ich sein Lied. Er singt voller Zärtlichkeit und Liebe. – Das glaubst du nicht?! Dann lese doch einmal mit mir den Propheten Zephanja 3, 17:

„Der Herr, euer Gott, ist in eurer Mitte; er ist stark und hilft euch! Weil er euch liebt, redet er nicht länger über eure Schuld. Ja, er jubelt (mit Jubelgesang), wenn er an euch denkt!" (nach „Hoffnung für alle"). Passt das in deine Vorstellung über Gott? Ein Vater, ein Freund, ein Verliebter, der seine Liebeslieder und Lobeshymnen über dir singt? Doch, bitte glaube es, genauso ist Abba-Vater! Das ist die Freude des Himmels, wenn wir einander uns die Lieder zusingen. Einer ruft und singt: „Ich liebe dich!" Und das Echo kommt zurück: „Und ich liebe dich!"

Persönliche Checkliste

1. Welchen Stellenwert haben geistliche Lieder in deiner Zeit bei
   Gott?

   _____

   _____

   _____

   _____

2. Wo und wie erlebst du am tiefsten Anbetung?

   _____

   _____

   _____

   _____

3. Kennst du den Unterschied zwischen Lieder singen und Anbeten?
   Wie kannst du durch Musik und Lieder deine Liebe zu Gott-Vater
   noch besser ausdrücken lernen?

   _____

   _____

   _____

   _____

9. Kapitel

Worte zwischen Freunden

Das Geheimnis der Kommunikation

Der Mensch hat zwei Ohren und nur einen Mund. Warum hört er dann nicht doppelt soviel wie er redet? – **Kommunikation ist eines der ganz großen Geschenke unseres himmlischen Vaters an uns. Die Fähigkeit zu hören und zu reden, uns verständlich zu machen und Gedanken in Worte zu kleiden, den anderen wahrzunehmen und zu verstehen, all das gehört zu den wesentlichen Merkmalen menschlichen Lebens. Das sind sichtbare Juwelen an der Krone der Schöpfung.**

Freunde reden miteinander. Wo die Kommunikation erliegt, stirbt eine Beziehung. Schleichend setzt Entfremdung ein. Das ist das Problem des älteren Sohnes aus Lukas 15. Er lebte zwar noch unter einem Dach mit seinem Vater, aber er sprach schon länger nicht mehr mit ihm. Er interessierte sich nicht mehr für das, was seinen Vater beschäftigte und vertraute ihm auch nicht mehr seine innersten Wünsche und Gedanken an. Diese Art von Funkstille hat tödliche Folgen für jede Liebesbeziehung.

Karins Großmutter gab uns zu Beginn unserer Ehe einen weisen Rat mit auf den gemeinsamen Weg: „Kinder, redet miteinander!" – Kennst du die traurige Todesspirale einer christlichen Ehe? Zuerst betet man nicht mehr miteinander. Das ist das Ende der Kommunikation mit Gott. Dann spricht man nicht mehr miteinander. Hier kommt die Kommunikation von Herz zu Herz zum Erliegen. Und schließlich schläft man nicht mehr miteinander. Nach der geistlichen und seelischen Einheit gehen nun auch noch im körperlichen Bereich die Lichter aus. So erkaltet die Leidenschaft. Liebe lebt durch Kommunikation. **Miteinander reden und einander zuhören sind zwei wesentliche Bausteine für eine Liebesbeziehung.** Hier findet verbale Intimität statt. Ich gebe dem anderen Anteil an meinen Gedanken, Gefühlen, an meinen Träumen, Enttäuschungen und Wünschen.

Dasselbe gilt auch in der Freundschaft mit Abba-Vater. Beten ist reden mit Gott und auf seine Stimme hören. Bibellesen bedeutet, die Worte meines Vaters in mich aufzunehmen. Geistliches Tagebuch schreiben heißt, Gott an meinem inneren Ergehen Anteil zu geben. So können wir mit dem unsichtbaren Gott kommunizieren wie zwischen echten Freunden. Es ist alles eine Frage der inneren Sicht und Einstellung, ein Akt des Glaubens. Ich habe mich darauf eingelassen und kann bezeugen, dass die Freundschaft mit Abba-Vater ganz real ist. Sie ist für mich das wertvollste Geschenk meines Lebens. Sie ist genauso real wie die Beziehung, die ich zu meiner Frau, zu meinen Kindern und zu anderen Freunden habe. **Abba-Vater ist mein bester Freund, für jetzt und für immer!**

Gott hat zuerst gesprochen

Auch wenn der christliche Glaube keine „Buch-Religion" sein will, so ist er doch auf dem Wort Gottes, der Bibel, gegründet. Die bekannten Verse aus dem Johannesevangelium 1, 1 machen es deutlich: *„Im Anfang war das Wort, und das Wort war bei Gott, und das Wort war Gott. Alles wurde durch dasselbe und ohne dasselbe wurde auch nicht eines, das geworden ist."* Gott ist der große Kommunikator, der alles durch sein Wort ins Leben rief. Er hat immer das erste und das letzte Wort! Wir dürfen so dankbar sein, dass wir viele seiner Worte in der Bibel aufgeschrieben finden. **Die Bibel ist unser ganz großer Schatz! Das sind die Liebesworte unseres himmlischen Vaters im Originalton.** Wir brauchen keine Angst mehr haben, dass Gott schweigen könnte. Er hat bereits gesprochen. Seine Worte stehen fest, selbst wenn Himmel und Erde vergehen. Sein Wort will Antwort geben in allen Lagen unseres Lebens. Vielleicht verstehen wir es nicht immer richtig. Und manchmal machen wir es sicherlich komplizierter, als es wirklich ist. Aber das ändert nichts daran, wie herrlich praktisch und hilfreich seine Worte sind. Sie geben Orientierung, Trost, Ermutigung und Korrektur. Sie offenbaren uns Geheimnisse und verändern unser Denken, Fühlen und Wollen. Die Bibel ist unser himmlischer Herzschrittmacher, der uns mit dem Willen Gottes in Einklang bringt und geistliches Leben ermöglicht.

Schon als kleiner Junge habe ich mitgesungen: „Lies die Bibel, bet jeden Tag..., wenn du wachsen willst!" **Das tägliche Bibellesen ist eine der Grundvoraussetzungen für gesundes geistliches Wachstum.** Gott sei Dank gibt es mittlerweile sehr viele ausgezeichnete Hilfestellungen dabei: Bibellesepläne, Andachtsbücher, Kommentare, gute Sekundärliteratur. Jedem ernsthaft Interessierten müsste es möglich sein, in der Fülle der Angebote etwas zu finden, was zu ihm persönlich passt. Jedoch wird auch das beste Buch über die Bibel nicht das eigene Lesen in der Bibel ersetzen können. Gott will direkt zu uns sprechen durch diese alten, ewig-gültigen Worte der Schrift. Und er schafft es immer wieder, sie so zum Leben zu erwecken, dass wir meinen, diese Worte wären gerade erst aufgeschrieben worden – und zwar nur für uns persönlich! Dann geschieht das Wunder: **aus dem ewigen Logos-Wort der Bibel wird das aktuelle, sich ereignende Rhema-Wort in meinem Leben.**

Die Frage, wie man am besten Bibellesen kann, beantworten dir gerne viele andere Bücher. Ich möchte mich auf eine spezielle Frage konzentrieren: **Wie kannst du beim Bibellesen die Stimme deines himmlischen Vaters hören lernen?**

Nachdem mir Gott als Vater neu begegnet ist, hat er mir die „Vater-Brille" aufgesetzt. Mit anderen Worten, ich bin so glücklich über die Offenbarung seiner Vaterliebe, dass ich alles, was ich jetzt erlebe, mit seinem Vaterherzen in Beziehung setzen will. Das hat ganz konkrete Auswirkungen auf mein Bibellesen und mein Schriftverständnis. **Ich lese die Bibel mit neuen Augen! Sie ist der Liebesbrief von Abba-Vater an mich geworden! Das sind die Worte meines besten Freundes!**

Wie sieht das im Einzelnen aus? – Jedes Mal, wenn ich die Bibel lese und da steht im Text das Wort „der Herr" oder „Gott", dann lese ich: „der Herr, mein wunderbarer Vater" oder „Gott, du mein allerbester Freund". Und wenn von „Jesus" die Rede ist, dann übertrage ich das so: „Jesus, das Herz meines Vaters" oder „Jesus, das Vaterherz Gottes in Person". Am besten probiere es selber gleich einmal aus. Wenn du so über längere Zeit bekannte Schriftstellen liest, von denen du meinst, sie bereits längst in- und auswendig zu kennen, dann werden sich dir ganz neue Türen des Verständnisses öffnen. Viele Worte Gottes erscheinen in einem völlig neuen Licht. Alles hört sich wärmer, persönlicher und liebevoller an. Vater ist ein Beziehungswort. Die Worte des Vaters kann man sich nicht vom eigenen Herzen fern halten. Ein Vater redet anders, als ein Herrscher oder General es tun würden. Die Worte des Vaters berühren uns tiefer.

Mit neuen Augen Bibel lesen

Besonders gut eignen sich die Psalmen als Fundgrube für den Herzschlag unseres himmlischen Vaters..., hier einige Beispiele:

Abbas Worte in Psalm 23

„Mein geliebtes Kind, ich werde immer dein Vater sein!
Ja, ich bin dein guter Hirte!
Wenn du bei mir bleibst, dann wird dir nichts fehlen.
Wenn du in meiner Nähe bist, kannst du nichts verpassen.
Nichts ist wichtiger als bei mir zu sein.
So komme, mein Kind, lass dich von mir, deinem guten Hirten,
auf saftig grüne Wiesen führen.
Ich bringe dich zu frischen Wasserquellen.
Ich verleihe dir neue Kraft.
Komm und lagere dich auf meinen Schoß, wie auf frischem Gras.
Ruhe dich bei mir aus. Ich sorge doch für dich.
Ja, ich leite dich auf sicheren Wegen.
Und geht es selbst einmal durch ein dunkles Tal,
so habe keine Angst.
Ich, dein mächtiger Gott und Vater, bin der gute Hirte,
der auf dich aufpasst.
Mit meinem Hirtenstab beschütze ich dich vor allen Gefahren.
Ja, ich kämpfe für dich. Sei nur geborgen bei mir.
So lade ich dich zu einem Festbankett der Liebe ein.
In meinem Vaterhaus bist du willkommen.
Alles ist vorbereitet.
Setze dich an die königliche Tafel, nimm deinen Platz ein.

Du bist mein Königskind und gehörst an meine Seite.
Was, du hast immer noch etwas Furcht?
Angst vor den Feinden und all denen, die dir Böses tun wollen?
Du sagst, du spürst noch ihre Blicke?
Sei nur stille, mein Kind!
Bei mir bist du sicher. Hier kann dir nichts Böses geschehen.
Hier kann dir keiner mehr etwas anhaben.
Denn hier bin ich der Herr.
So lass dich segnen mit meiner Liebe.
Ich gieße heilendes Öl auf deine Wunden und fülle den Becher
deines Lebens, bis er überfließt.
Genieße den neuen Wein der Freude und das Brot
meiner Herrlichkeit.
Stärke dich damit. Es gibt mehr als genug!
Siehe, meine Güte und meine Barmherzigkeit
werden dich begleiten auf allen deinen Lebenswegen.
Und du wirst bei mir im Vaterhaus wohnen
für immer und ewig!"

Abbas Worte in Psalm 18

„Was für einen herrlichen und mächtigen Vater hast du in mir?
Denn schau nur: ich bin die Kraft deines Lebens!
Ich bin dein Felsen mitten in der Brandung.
Dein sicheres Versteck. Ich bin dein Schutzschild.
Deine Burg auf unbezwingbarer Höhe.
Jedes Mal, wenn du mich in Nöten anrufst,
rette ich dich von allen deinen Feinden.
Ja, ich höre dein Rufen und greife ein.
Ich stehe auf in meiner Macht und
komme dir zu Hilfe.
Wenn ich mich erhebe, dann wankt die Erde,
die Berge zittern
und der Himmel wird erschüttert.
So gewaltig und beeindruckend ist meine Erscheinung.
Solch einen starken Vater hast du in mir!
Ich strecke dir meine Hand entgegen
und entreiße dich aus den tobenden Fluten,
in denen du unterzugehen drohst.
Ja, ich befreie dich von der Übermacht deiner Feinde,

die dich umringen und viel stärker sind als du.
Ich berge dich in meinen Armen
und gebe dir sicheren Halt.
Meine ganze Liebe gilt nur dir.
Und wenn du am Ende zu sein scheinst
und nur noch Finsternis um dich siehst,
dann mache ich es wieder strahlend hell.
Ich lass dich einen Ausweg finden.
Mit mir, deinem Abba-Vater,
kannst du über alle Mauern von Unmöglichkeiten springen.
Denn ich bin der Herr über alle und alles!
Ich allein bin vollkommen gut und gerecht.
Was ich verspreche, das halte ich auch ein.
Außer mir gibt es keinen anderen mehr,
der so stark und mächtig wäre,
um es mit mir aufzunehmen.
Ich gebe dir neue Kraft.
Kraft zum Kämpfen, zum Überwinden und zum Siegen.
In mir hast du den Sieg.
Ich ebne die Wege vor dir her
und führe dich sicher ans Ziel.
Ich stelle deine Füße auf weiten Raum.
Ich eröffne dir neue Horizonte
Und ungeahnte Chancen, dein Leben zu gestalten.
Meine abgrundtiefe Liebe zu dir lässt dich neu aufatmen
nach aller Not, die dich getroffen hat.
Aber nun ist der Sturm vorüber.
Du bist wieder in Sicherheit und kannst
dein Leben im Schutz meiner Gnade und Güte
in vollen Zügen genießen!"

Abbas Worte in Psalm 103

„Mein geliebtes Kind, vergiss bitte niemals,
wie gut ich als dein himmlischer Vater zu dir bin!
Ich vergebe dir alle deine Sünden.
Ich heile alle deine Krankheiten.
Ich befreie dich aus allen Gefängnissen.
Ich beschenke dich mit einem erfüllten,
reichen und langen Leben.

Alle deine Tage sind ein einziger Beweis,
wie gut ich zu dir bin.
Du lebst im Überfluss meiner Güte!
Merkst du das? Siehst du das?
Pass bitte auf, dass du das nicht vergisst!
Barmherzig, gnädig und sehr geduldig
bin ich zu dir!
Vielmehr als irgendein irdischer Vater
das sein könnte!
So hoch der Himmel über der Erde ist,
um so viel höher ist
meine Treue und Vergebungsbereitschaft zu dir.
So weit der Sonnenaufgang vom Sonnenuntergang entfernt ist,
soweit entferne ich alle Schuld von dir.
Meine Vergebung und Annahme sind unermesslich.
Du kannst sie einfach nicht begreifen.
Ich trage dir nichts nach und zähle auch nicht deine Fehler.
Deine Sünden beeindrucken mich nicht.
Aber schau nur, mein Herz ist so gerne bereit,
immer wieder neu
mit dir zu beginnen.
Denn ich bin ja dein Vater,
der dich mehr liebt als sein eigenes Leben.
So preise meine Gnade und Liebe
mit aller deiner Kraft.
An jedem Tag und an jedem Ort.
Mit allem, was in dir ist und allem, was dich ausmacht!
Vergiss es nie, wie sehr ich dich liebe!"

Und noch ein weiteres Beispiel aus dem Alten Testament. Gerade die Prophetenworte von Jesaja spiegeln viel von Gottes Vaterherzen wider:

Abbas Worte in Jesaja 43:
„Mein geliebtes Kind, fürchte dich nicht!
Habe nur keine Angst!
Ich kenne dich und weiß, was dir fehlt.
Dein Leben ist mir so vertraut.
Ich spreche dich mit deinem Namen persönlich an.

Du gehörst doch zu mir.
Ich bin dein starker Freund und Helfer in der Not!
Wenn dein Weg dich durch tiefes, reißendes Wasser führt,
ich bin bei dir und halte dich fest, dass du nicht untergehst.
Und wenn deine Welt um dich her in Flammen steht,
ich passe auf dich auf, dass keine Feuerflamme dir
auch nur ein Haar versengt.
Denn ich bin dein starker Beschützer! Dein Abba-Vater!
Ich möchte, dass du mich besser kennen lernst.
Ja, du sollst begreifen, dass ich der einzige wahre Gott bin.
Es gibt keinen anderen Gott, der vor mir war
oder nach mir sein könnte.
Nur ich kann dich retten, mein Kind!
Denn ich allein bin dein Vater!
Hänge nicht wehmütig den alten Zeiten hinterher.
Bleibe nicht in Vergangenem stecken.
Schau nach vorne, denn ich bin dabei, Neues zu schaffen!
Es hat bereits schon angefangen.
Hast du es etwa noch nicht bemerkt?
Ich baue eine Straße mitten durch die Trümmerlandschaft
der Enttäuschungen.
Ich lasse Wasserquellen aufsprudeln
mitten in der heißen Wüste der Verzweiflung
und Hoffnungslosigkeit.
Ich schaffe einen Durchbruch, wo kein Ausweg mehr möglich scheint.
So wirst du mich rühmen und überall erzählen,
welch große Dinge ich für dich getan habe!"

Aber auch die neutestamentlichen Berichte erscheinen in einem neuen Licht. In den Briefen des Apostel Paulus lassen sich viele Anknüpfungspunkte für ein Reden von Abba-Vater finden:

Abbas Worte in Römer 8

„Du bist mein geliebtes Kind!
Das Kind meiner vollkommenen Liebe und Annahme.
Für dich gibt es keine Verdammnis mehr.
Wer wollte dich anklagen?
Wer könnte noch irgendeine Beschuldigung gegen dich vorbringen?
Ich stehe doch auf deiner Seite!

Ich verteidige dich höchstpersönlich, denn du bist ja mein Kind.
Ein Kind des Allerhöchsten!
Wer sich mit dir anlegt, bekommt es mit mir zu tun!
Ich werde dafür sorgen, dass dich niemand wieder
in alte Bindungen und Gefangenschaften führen darf.
Du lebst in der herrlichen Freiheit der Kinder Gottes,
die dir niemand wieder streitig machen wird.
In dir lebt mein Geist und ruft: Abba, lieber Vater!
Geist eines geliebten Kindes und nicht mehr eines Sklaven.
Das sei dir ein bleibendes Zeichen,
wie nahe ich dir sein möchte.
Näher kann ich dir nicht mehr kommen,
als in deinem Herzen zu wohnen.
Ich atme in dir. Ich lebe in dir.
Mein Herz schlägt in dir.
Meine Gedanken und Gefühle.
Da ist kein Platz mehr für Angst.
Kein Raum für Zweifel und Verzweiflung.
Nichts kann dich jemals mehr von meiner Liebe trennen!
Nicht einmal die Situationen, die du nicht verstehst.
Weder der Verlust eines Menschen,
noch andere Lebensumstände.
Weder Himmelswesen, noch Dämonen.
Weder Ereignisse in der Gegenwart,
noch in der Vergangenheit, noch in der Zukunft.
Weder Höhen, noch Tiefen.
Weder Menschen, noch Naturgewalten.
Nicht einmal Mr. Dunkel.
Nichts. Absolut nichts kann dich von meiner Liebe trennen!
Schau nur Jesus an.
Dort in ihm
erblickst du mein Vaterherz, voller Liebe für dich!
Sieh nur, wie er am Kreuz immer noch liebt.
Liebe stärker als der Tod.
Das ist meine Liebe für dich!
In dieser Liebe ist alles, was du brauchst.
Diese Liebe ist mehr als du empfangen kannst.
Diese Liebe ist mein größter Schatz.
Und den schenke ich dir!"

Gottes Stimme hören

Immer wieder fragen Menschen ganz verblüfft: „Was? Du behauptest, dass du die Stimme Gottes hören kannst?" Wie soll man sich das bitteschön vorstellen? Hörst du da etwas akustisch? Oder bildest du dir das nur ein? – Viele können das nicht denken. Sie können sich einfach nicht ausmalen, wie das gehen sollte. Entweder glauben sie nicht an einen Gott als Person, der einen Mund hat und reden kann; oder sie sind sich einfach unsicher, welche der vielen Stimmen und Impulse in ihrem Kopf nun von Gott stammt. Zudem gibt es christliche Kreise, die behaupten, dass unser Gott ausschließlich nur durch die Bibel redet. Wie verwirrend ist das alles?!

Natürlich ist das biblische Wort qualitativ höherwertig als alles andere, weil Gott es erwählt hat und zum zeitlosen Maßstab erklärte. Dennoch weist Gott selbst in der Bibel darauf hin, dass es da noch mehr von ihm zu hören geben wird. Jesus sagt in Johannes 16, 12+13: *„Noch vieles habe ich euch zu sagen, aber ihr könnt es jetzt nicht tragen. Wenn aber jener, der Geist der Wahrheit, gekommen ist, wird er euch in die ganze Wahrheit leiten..."* Und in Johannes 10, 28 lesen wir: *„Meine Schafe hören meine Stimme, und ich kenne sie, und sie folgen mir!"* Von Paulus erfahren wir in 1. Korinther 2, 9: *„Was kein Auge gesehen und kein Ohr gehört hat und in keines Menschen Herz gekommen ist, das hat Gott denen bereitet, die ihn lieben!"*

Die ganze Schrift geht davon aus, dass unser Gott ein lebendiger, persönlicher Gott ist, der zu seinen Kindern redet. Beten ist reden mit Gott und hören. Die neutestamentliche Gemeinde lebt eine **prophetische Existenz**. Sie kann die Stimme Gottes hören, so wie die Männer und Frauen Gottes im Alten Bund. **Nicht mehr nur einzelne begnadete Personen dürfen die Gedanken Gottes teilen, sondern jetzt hat jeder Gläubige freien Zugang zum Vaterherzen Gottes.** *„Wir haben Christi Sinn",* heißt es in 1. Korinther 2, 16. Wörtlich müsste man übersetzen: „Wir haben das Denken, Wollen und Fühlen Christi in uns!" So vertraut ist uns, was uns Gott zu sagen hat!

Ich höre Gottes Stimme in der Regel folgendermaßen: zunächst richte ich mein Herz, meine Gedanken und Gefühle ganz auf Gott aus – so wie eine Radarschüssel auf Empfang. Das gelingt mir am besten, wenn ich zu ihm bete oder ihn mit Liedern lobe, oder auch, wenn ich ganz still nur dasitze und mir seine Gegenwart bewusst mache. Gerade an turbulenten, lauten Tagen dauert das etwas länger, bis ich zur Ruhe finde. Doch oftmals überrascht er mich mit seiner Nähe und ist sofort da, wenn ich ihn aufsuche. Es erscheint mir so, als ob er schon längst auf mich gewartet hat. Dann verdichten sich meine vielen Gedanken zu einem einzigen. Und dieser Gedanke wird so stark, so klar und so deutlich in mir, das ich nichts anderes mehr denken kann. Wie die Sonne durch Nebelschwaden hindurchbricht, so brechen sich seine lichtvollen Worte Bahn in meinem Innersten.

Am Anfang meines Christseins war ich noch sehr unsicher, ob das, was ich jetzt denke, wirklich aus Gott ist, oder nur meine eigenen Gedanken sind. Mir ist es da zu einer enormen Hilfe geworden, die gehörten Worte aufzuschreiben und später nochmals zu lesen. Mit Erstaunen stelle ich immer wieder dabei fest: „Ja, so spreche ich. Das sind tatsächlich meine Worte, meine Redewendungen und meine Bilder. Aber dennoch sind das nicht nur meine Worte. Auf solche Gedanken würde ich nicht von alleine kommen." **Mittlerweile ist mir die leise Stimme Gottes in meinem Herzen sehr vertraut!** Ich lerne Gottes Impulse immer besser zu unterscheiden von meinen eigenen Wünschen und Meinungen, oder gar von den Einflüsterungen meiner Sorgen und Ängste. Auch fürchte ich mich nicht davor, dass der Teufel durch seine Störmanöver dazwischenfunkt. Es gibt ja schließlich ein ganz simples Unterscheidungsmerkmal zur Prüfung, ob etwas von Gott kommt oder von seinem Gegenspieler: Alles, was unseren Gott verherrlicht, ist aus Gottes Geist geboren – denn der Teufel würde das niemals tun! Also lautet die simple Frage: **„Verherrlichen diese Worte Gott und spiegeln sie seinen Charakter wider – oder nicht?"**

Und außerdem habe ich die **Bibel als Maßstab**. Deckt sich das, was ich meine gehört zu haben, mit dem, was ich in der Bibel gelesen habe? Sind das Worte im Geist der Schrift? Habe ich an anderen Stellen der Bibel Gott schon einmal Ähnliches sagen gehört? Da ist es von großem Vorteil, wenn man gutes Bibelwissen hat! Oder zumindest eine Konkordanz.

Weil ich schon lange mit Jesus gehe, kann ich auch den **Schatz meiner Gottes-Erfahrungen** zu Rate ziehen. Habe ich Vergleichbares schon einmal persönlich erlebt oder im Leben anderer Christen gesehen (oder davon gelesen)? Deckt sich das mit meinen bisherigen Beobachtungen, Erfahrungen und Erkenntnissen?

Und doch redet Gott so manches Mal etwas, was ich zuvor noch nie so gedacht oder gehört habe. Das sind dann **neue Offenbarungen**, die mich auf den ersten Blick überfordern. Sie sind wie neues Land, das ich noch nie zuvor betreten habe. Was hilft mir jetzt, zu unterscheiden und herauszufiltern, ob dies Reden von Gott kommt oder nicht? In Kolosser 3, 15 heißt es: *„Und der Friede Christi regiere in euren Herzen"* (wörtlich: ...sei Schiedsrichter in euren Herzen). Mit anderen Worten: wenn ich nicht mehr selber den Überblick habe und weiß, ob der Ball drinnen war oder ein Abseits vorliegt, dann habe ich immer noch den **Frieden Gottes als höhere Instanz** in mir. Gottes Frieden ist mir schon unzählige Male in schwierigen Situationen meines Lebens zu Hilfe gekommen. **Habe ich Frieden in meinem Herzen über eine Angelegenheit oder nicht?**

Briefe vom Vater

Die Worte, die ich höre, bringe ich sofort mit dem Vater in Verbindung. Um sie klarer vor Augen zu haben, habe ich vor Jahren angefangen, **ein geistliches Tagebuch** zu führen. Mittlerweile habe ich Dutzende solcher Bücher voll geschrieben. Bücher der Erinnerungen. Sie sind meine täglichen Begleiter geworden. Ich wüsste gar nicht mehr, wie es ohne sie wäre. Sie helfen mir, nicht zu vergessen, was der Herr mir Gutes getan hat und am Ball zu bleiben und bewusster mit seinem Reden in allen Situationen meines Lebens zu rechnen. Es ist spannend, von Zeit zu Zeit nachzuschlagen und Revue passieren zu lassen, welche Wunder sich ereignet haben und wie Gottes Reden in Existenz gekommen ist.

Ich notiere darin: Geistesblitze, die mich anfliegen. Träume aus der Nacht, die mich noch länger innerlich bewegen. Visionen und Bilder, die ich beim Beten vor meinen geistigen Augen sehe. Wichtige Gedanken, die mir aus einer Predigt oder einem Vortrag nachgehen. Interessante Ideen, die ich noch verstoffwechseln muss. Wunder und Segnungen in meinem kleinen Leben, die ich nicht vergessen möchte..., und vor allem das persönliche Reden meines himmlischen Vaters. **Das sind die Liebesbriefe, die der Vater mir schreibt.** Sie beginnen in der Regel mit: „Mein geliebter Sohnemann..." – denn ich empfinde, dass er mich so anspricht. Ich höre seine Stimme ganz nahe in meinem Herzen. Voller Zärtlichkeit und Liebe. Wie die Stimme meines besten Freundes, der zu mir redet.

Nach dem Motto „Sie haben Post!" freue ich mich auf die Botschaften seiner Liebe. Manchmal kann ich es kaum fassen, was ich da höre und aufschreibe. „Was, so sehr liebst du mich, Abba-Vater!?!" Abbas Liebesbriefe heilen Stück um Stück mein verwundetes, unsicheres Herz und setzen das Potenzial, das in mir schlummert, frei. Wenn ich täglich die Worte höre, wie sehr er mich wertschätzt und mag, dann beginne ich, es langsam selbst zu glauben. Das ist die göttliche Liebes-Therapie für meine geschundene Seele. Hier ein paar **Ausschnitte aus meiner Himmelspost:**

*„**Mein geliebter Sohnemann,** ich stehe doch zu dir! Das sollst du wissen... und das müsstest du eigentlich schon lange mitbekommen haben. Natürlich betrübt es mich, wenn du mir nicht vertraust und selbstzentriert nur auf dich und deine Möglichkeiten schaust. Und es schmerzt mich auch, wenn ich dich wieder alte Wege gehen sehe. Komm, ich reiche dir die Hand. Komm zurück auf den Level, von dem du gefallen bist. Ich ziehe dich hoch zu mir. Ja, ich reiche dir die Hand und führe dich sicher hindurch. Du sollst meine Wunder sehen. Ich bin mit dir. Du kannst meinen Zusagen vertrauen. Meine gütige Hand ist mit dir. Vergiss das nicht!"*

*„**Mein vielgeliebter Sohn,** ich kann mich nur wiederholen. Ich bin mit dir! Ich werde immer mit dir sein. Sei mutig, kühn und stark. Ich streite für dich. Vertraue meiner perfekten Planung, meinem Timing und meinen Möglichkeiten. Es ist alles vorbereitet! Schaue nicht auf die Hindernisse. Das sind Ablenkungsmanöver vom Feind, so wie immer. Schaue vielmehr auf die Zeichen meiner Liebe. Das Banner über dir ist Liebe. Habe Glauben XXL!"*

*„**Mein geliebter Freund,** komm näher. Ich will dich festhalten. Ich halte dich ganz dolle fest. Du sollst es spüren mit jeder Faser deiner Person. Ich lasse dich nicht allein. Ich bin doch bei dir. Mitten in all deinen Lasten sollst du ganz neu meine wunderbare Gegenwart erleben. Ja, es ist wieder einmal auf dem Wasser laufen angesagt ...wie schon so oft. Eigentlich müsstest du es schon längst wissen. Jedes Mal, wenn du dich offen und ehrlich zu deinem Mangel bekennst, ihn ans Licht bringst und mich aufrichtig bittest, dann komme ich und*

greife ein – aber auf meine Art. Ich bin der Gott, der Wunder tut.
Vergiss das nicht! Du brauchst ein Wunder! Ich wirke es. Aber vergiss
nicht, das größte Wunder ist und bleibt: ich bin Immanuel und ich
liebe dich! Ja, ich werde Wunder wirken. Wunder für dich. Als Zeichen meiner abgrundtiefen Liebe für dich. Du wirst es mit deinen eigenen Augen sehen."

„Mein Sohnemann, ich glaube an dich! Du hast oftmals erlebt, wie
Menschen dich entmutigt haben und nicht an dich glaubten. Ich erhebe dich und lass dich nicht im Stich. Ja, ich bin stolz auf dich! Du
kannst so viel in meiner Kraft ausrichten. Mit mir zusammen kannst
du Berge versetzen!"

„Mein über alles geliebter Sohn, mein Freund in Ewigkeit! Ich
lehre dich auf mich zu schauen in jeder Lebenssituation. So wie ich es
allen meinen Freunden beigebracht habe. Dem Daniel, dem David,
dem Petrus und dem Paulus..., es sieht nicht immer alles so rosig aus.
Und doch darfst du gewiss sein, dass ich mitten drin, selbst in Schmerz
und Gefahren, ganz nahe bei dir bin. Du kannst dich absolut auf mich
verlassen. Ich bin dein Fels in der Brandung. Was könnte dir geschehen? Lass dich nicht ablenken. Ich bin immer da und dir ganz
nahe!"

**„Mein geliebter Sohnemann, mein vielgeliebter Freund und
Partner!** Ich nenne dich Partner, denn Partner heißt Teilhaber. Und
das bist du! Ich habe dir Teilhabe an meiner himmlischen Existenz
und Realität geschenkt. Du hast freien Zugang zu meinem Gnadenthron. Und auch alle Gaben und Schätze meines Himmelreiches
stehen dir zur Verfügung. Deshalb bist du durch das perfekte Opfer
meines über alles geliebten Sohnes, Jesus, zum Mitteilhaber geworden, zum Miterben.
    Aber ich nenne dich auch Partner, weil du mit mir teilst. Du teilst
dein Herz, deine Träume und Sehnsüchte mit mir. Die Welt, wie du
sie durch deine Augen siehst. Deine Zeit, deine Leidenschaft und Begeisterung, deine Tagebücher, dein Vertrauen, deine Hingabe..., deinen Alltag! Und das macht mich sehr glücklich und lässt mich stolz
auf dich sein, weil du mitten in Leid und Schmerzen deine Lektion
zum Leben gelernt hast. Nämlich, dass echtes Leben nur bei mir und
nicht im Erfolg, Geld, Beifall der Menschen, in Anerkennung und ir-

gendetwas sonst auf dieser Welt zu finden ist. Ich bin so gerne mit dir zusammen.
Ich wünsche mir so sehr, dass du mich mit in deinen Alltag nimmst. Vertraue mir. Alles ist vorbereitet. Wer mir still vertraut, geht in vorbereiteten Wegen und Werken. Also, kein Kleinglaube, sondern Großglaube, denn ich bin dein Daddy, Abba-Vater, der dich niemals verlassen noch versäumen wird. Gehe mit Zuversicht und Freude in die nächste Phase deines Lebens. Das Beste kommt noch! Glaube mir!"

Diese Worte voller Ermutigung und Zuneigung tun mir außerordentlich gut! Da kann meine Reaktion nicht lange warten. Also schicke auch ich meine Gebete, wie **Liebesbriefe an den Vater**. Meistens mündlich, ganz spontan und überfließend. Aber auch hin und wieder schriftlich, um meine Gedanken besser zu sortieren:

„Vater, mein geliebter Dad, mein ewiger Freund! Ich bin so gerne dein verrückter Liebhaber, der bis über beide Ohren in dich verliebt ist. Ein schöneres Kompliment kann man mir nicht machen. Ich trage es wie ein Abzeichen an meiner Brust, an meinem Herzen. Und dabei gibt es noch viele Steigerungsmöglichkeiten. So viel mehr Land ist zu erobern. Ich möchte dich noch so viel mehr lieben und verehren. Meine Liebe zu dir erscheint mir noch viel zu schwach und viel zu klein. Ich will dich noch viel mehr anbeten und verherrlichen mit meinem Leben. Bitte hilf mir dabei!"

„Mein wunderbarer Vater, danke für so viele gute Impulse, die von dir kommen. Ich staune immer wieder, wie sehr gut du mich kennst und dass du dich um mein kleines Leben so fantastisch liebevoll kümmerst. Das übersteigt mein Verstehen bei weitem. Was für einen herrlichen Gott diene ich doch?! Jesus, ich liebe dich so sehr! Für alles, was du bist und was du für mich getan hast. Ich will mich niemals daran gewöhnen oder es für selbstverständlich erachten, was du auf Golgatha auch für mich vollbracht hast. Eine Ewigkeit wird nicht ausreichen können, deinen Sieg zu feiern. Darum fange ich am besten gleich an..., puh, das hat gut getan, dir ein paar Lieder entgegenzuschmettern. Denn du hast es verdient! Du bist der treue Zeuge! Du bist der Sieger! Du bist mein Held! Ich liebe dich. Und ich freue mich auf einen neuen Tag ganz nahe bei dir, an deiner Brust, in deinen Armen. Um von dir zu hören!"

So fließt die Liebe hin und her als himmlische Kommunikation zwischen guten Freunden. Es ist so schön, dass ich seine Stimme kennen darf. Aber es ist auch unbegreiflich großartig, dass er meine Stimme kennt und mir zuhört, wenn ich ihn anrufe. Wer diese **göttliche Interaktion** erlebt, für den bleibt „Stille Zeit" keine vorhersagbare Routine-Sitzung, sondern verändert sich zu einer lebendigen Beziehung, in der es ständig spannend und abwechslungsreich bleibt.

Persönliche Checkliste

1. Wenn du dein Bibellesen und Gebetsleben betrachtest, was fällt dir dabei auf?

_____

_____

_____

_____

2. Lese einen Bibelabschnitt so, dass du jedes Mal für „Gott" „mein Abba-Vater" einsetzt – was empfindest du dabei?

_____

_____

_____

_____

3. Nimm dir ein Blatt Papier und fange an, einen Liebesbrief an deinen Vater im Himmel zu schreiben: „Mein lieber Papa..." – Vielleicht möchtest du im Anschluss auch noch einen Liebesbrief, den Abba-Vater an dich richtet, niederschreiben?

_____

_____

_____

_____

10. Kapitel

In der Liebe baden

Entschleunigung

Wir leben in einer lauten, hektischen und stressreichen Zeit. Täglich werden wir mit einem Übermaß an Informationen zugeschüttet. Unzählige Reize überfluten uns ungefiltert. Noch nie musste eine menschliche Seele so viel gleichzeitig verarbeiten. Kein Wunder, dass da ein Aufschrei durch die westliche Kultur geht. **Wir brauchen Entschleunigung! Menschen wollen wieder zur Ruhe kommen.** Man ist bereit, viel Geld zu bezahlen, um in Seminaren über Yoga, buddhistische Meditationspraktiken oder Tai-Chi Hilfsmittel an die Hand zu bekommen, wie man **Inseln der Ruhe in einer überfordernden Umwelt** installieren kann. Selbst Schweigetage in Klöstern und Exerzitien bei Ordensleuten sind wieder gefragt. **Zurück zur Stille**. Zurück zum Einfachen. Zurück zur Natur. Zurück zum Ursprung.

Schon lange wird man nicht mehr belächelt, wenn man diesen Weg betritt und sich auf die **Reise nach innen** begibt – auf der Suche nach sich selbst, der eigenen Identität, und nach Höherem, nach Gott. Selbst manch Prominenter wandert den Jakobsweg. Esoterische Literatur, die Antwort auf die Suche nach dem inneren Frieden verspricht, verkauft sich ausgezeichnet. Die Nachfrage ist groß und nimmt immer noch zu. Je schnelllebiger die Zeiten werden, umso mehr brauchen wir ein heilsames Gegengewicht. Zu viele Menschen bleiben auf der Überholspur des Lebens auf der Strecke.

Stresskrankheiten gehören längst zu den häufigsten Todesursachen
in unserer Gesellschaft. Ganz zu schweigen von den psychischen Er-
krankungen, die ihren Tribut fordern in einer Welt, die sich immer
schneller und ungebremster dreht.

Der siebte Tag

**Wir Christen müssten eigentlich Experten in Sachen „Ruhe"
sein.** Schließlich hat unser Vater- Gott seine ganze Schöpfung damit
gekrönt. Er hat das Copyright auf Sabbat-Ruhe. In 1. Mose 2, 1-3 lesen wir: *„So wurden die Himmel und die Erde vollendet. Und Gott
vollendete am siebten Tag sein Werk, das er gemacht hatte. Und Gott
segnete den siebten Tag und heiligte ihn, denn an ihm ruhte er von all
seinem Werk..."*

**Später machte er es zur festen Lebensregel für seine Kin-
der, den siebten Tag als einen besonderen Ruhetag zu feiern**
(siehe: 2. Mose 20, 8-11). Ein guter Freund von mir behauptet, dass
Gott die Ruhe am siebten Tag erschuf, nachdem er die Menschen
gemacht hatte, damit die Kinder Gottes, Adam und Eva als Erstes
einen Vater erleben konnten, der zu Hause war und Zeit für sie hatte
und nicht zur Arbeit weg musste. Ein sympathischer Gedanke, nicht
wahr?!

War es im alten Bund der Samstag, den die Juden als Sabbat
hielten, so wurde der Sonntag als Auferstehungstag und Beginn der
neuen Schöpfung in Christus zum siebten Tag der Gemeinde Jesu.
Provozierend demonstrierte Jesus den Frommen seiner Zeit: Es geht
bei der Sabbatheiligung um mehr als um eine religiöse Einhaltung
von Gesetzen. Nicht auf die Äußerlichkeiten kommt es an, sondern
auf das Herz des Ganzen. Nicht wir dienen dem Sabbat, sondern er
soll uns dienen. **Es geht Gott nicht um die Einhaltung bestimm-
ter Rituale oder gar Tage, sondern um das Zur-Ruhe-Kommen
in seiner Liebe!**

Baden in der Liebe

Unser Vater hat das biologische Leben für uns so gestaltet, dass alles
Leben in Kurvenbewegung verläuft. Einatmen und Ausatmen. Ar-

beiten und Schlafen. Rennen und Ruhen. Die Lebensfunktionen unseres Körpers sind grafisch als Kurven darstellbar: Im EKG die Frequenz unserer Herzschläge und im EEG der Strom in unseren Nervenbahnen. Normal sind zackenartige Ausschläge. Medizinisch ist das Zeichen für Tod, wenn nur noch ein waagerechter, gleichförmiger Strich auf den Apparaten erscheint. Alles Leben spielt sich also zwischen diesen beiden Polen ab: **Anspannung und Entspannung.** Geistlich gibt es da keinen Unterschied. Auch als Christen leben wir zwischen den Polen: „Anspannung" (= für Jesus etwas tun) und „Entspannung" (= Jesus hat bereits alles für uns getan). Wir können nicht lieben, wenn wir uns selber nicht vorher haben lieben lassen. Wir können nicht vergeben, wenn uns selber nicht vorher vergeben wurde. Vor dem Dienenkönnen steht immer eine Phase des Beschenktwerdens. Der Indikativ (du bist eine neue Kreatur in Christus) wird immer vor dem Imperativ (deshalb sollst du jetzt Jesus dienen) kommen müssen.

Leider gibt es unter christlichen Leitern und Verantwortungsträgern sehr viel „Burn-out" – Ausgebranntsein – weil wir diese Wahrheit zu wenig berücksichtigen. Auch ich bin persönlich vor einigen Jahren in diese schreckliche Abseitsfalle geraten. Es ist immer die gleiche Story: Menschen in leitender Position geraten an ihre seelischen und körperlichen Grenzen durch Überforderung und Überbelastung. Stress führt zu falschen Verhaltensweisen (zu viel Arbeit und zu wenig Pausen; zu viel Essen und zu wenig Bewegung; zu viel Lasten und falsche Tröster). Wenn sich dann noch Angriffe durch Dritte mit eigenem Versagen dazu gesellen, dann haben wir das hochexplosive Gemisch, das schon so manchen Leiter in die Krise hinabgerissen hat. **Ich habe leider zu lange versucht, selber Gott zu spielen und bin dabei völlig ausgebrannt!** Es war für mich ein schmerzlich-heilsamer Weg anzuerkennen, dass ich die Rollen verwechselt habe. Nicht ich bin für die Lösung der Probleme der Menschen verantwortlich. Nicht ich bin der „Löser" und schon gar nicht der Erlöser! Erst als mir Gott neu begegnet ist und anfing mir sein Vaterherz zu zeigen, begriff ich, dass ich maßlos falsch gelebt hatte. Er ist groß und ich darf klein sein. Es war so erlösend, als ich den Platz eines geliebten Sohnes einnehmen durfte und nicht mehr länger der Funktionär des Reiches Gottes sein musste, der alles irgendwie zu managen hat.

Es hat mich fast mein Leben, meine Ehe und meine Berufung

gekostet, dass ich all das so sträflich vernachlässigt habe. Nun lerne ich ganz neu, wie ich leben kann: **Mein Leben braucht Pausen. Aus der Ruhe vor Gott kommt die Kraft, die mich aufatmen lässt. Ich habe nur zu geben, was ich vorher von meinem Gott empfangen habe. Und ich brauche auch nur das zu tun, was ich den Vater vorher habe tun sehen und zu mir habe sagen hören.** Natürlich gehören zu einem intensiven, glücklichen Leben auch andere hilfreiche Begleitmaßnahmen im Alltag: ich habe meine Ernährung umgestellt, achte auf mehr Bewegung und Sport, plane bewusster Pausen und Entspannung für meine Seele mit ein, bin gnädiger und humorvoller zu mir und zu anderen, gebe Zeiten mit meiner Frau und Familie sowie mit guten Freunden eine höhere Priorität, habe Freude an Hobbys und schönen Dingen – und schlafe auch ein wenig mehr. Aber am meisten hat sich das in meiner Gottesbeziehung ausgewirkt! **Ich versuche, täglich in der Liebe Gottes zu baden!**

Was ist „Soaking"?

Das Wort „Soaking" hörte ich zum ersten Mal vor einigen Jahren in einem Gottesdienst der Airport-Gemeinde in Toronto, Kanada. Vielen wird diese Gemeinde bekannt sein durch die außergewöhnliche Ausgießung des Heiligen Geistes, die vor einigen Jahren selbst in säkularen Zeitungen unter dem Motto „Toronto-Segen" Schlagzeilen machte. Es gab viel Widersprüchliches und Kontroverses um Begleiterscheinungen dieser Bewegung. Dennoch wird man kirchengeschichtlich sagen müssen, dass dieser erweckliche Aufbruch eine enorme Belebung und Erfrischung für den gesamten Leib Jesu weltweit gebracht hat (und immer noch einen erheblichen Beitrag dazu bringt). In der TACF (Toronto Airport Christian Fellowship) wird das Wirken des Geistes Gottes oftmals mit dem Wasserstrom Gottes aus Hesekiel 47, dem „River", verglichen. Und tatsächlich, so haben es Millionen von Christen, die mittlerweile dort die Gottesdienste und Konferenzen besucht haben, erlebt. Auch ich. Gottes Gegenwart ist wie ein reinigendes, erfrischendes Wasser. Sie belebt und verändert uns. Wir können immer tiefer hineingehen. Bis an den Ort, wo wir nicht mehr stehen können und uns seinen heilenden, wunderbaren Fluten anvertrauen. Vielleicht sorgten anfangs die „Stromschnellen und Wasserfälle" im geistlichen Aufbruch von Toronto für zu großes Aufsehen. Aber im Laufe der Jahre entdeckten die Geschwister noch größere Segnungen in „tieferen Gewässern". **So wurde neben der Offenbarung der Vaterliebe Gottes auch die Intimität in der Gottesbeziehung zu einem ganz zentralen Wert dieser Bewegung.** Und dabei bekam dieses Wort „Soaking" Bedeutung. **Die deutsche Übersetzung lautet: Einweichen.** Man stelle sich einen harten, völlig trockenen Schwamm vor. Dieser Schwamm wird nun ins Wasser gelegt. Es dauert seine Zeit, bis er ganz eingeweicht und mit Wasser voll gesogen ist. Das bedeutet „Soaking". Im übertragenen Sinn: Wir setzen uns über längere Zeit dem Strom der Liebe Gottes aus. Wir baden in dem Ozean seiner Liebe, so lange, bis wir ganz damit ausgefüllt sind. Nicht nur äußerlich etwas nass, sondern auch innerlich durchtränkt. Gefüllt, bis wir überfließen. Wer so lebt, der steht nicht mehr länger in Gefahr aus dem eigenen Mangel heraus zu dienen oder aus der Überforderung. Er lässt vielmehr weiterfließen, was er zuvor entgegengenommen hat. Das ist ein guter Schutz gegen Ausbrennen.

Biblische Vorbilder für solch eine Haltung des Empfangens sind:

- **Königin Ester**, die ein Jahr lang mit kostbaren Schaumbädern auf die Nacht mit ihrem Bräutigam vorbereitet wurde.
- **König David**, dessen Herz eines Anbeters auf den Feldern Bethlehems und in der Wüste Juda in endlosen Nächten zubereitet wurde.
- **Der Jünger Johannes**, der an der Brust Jesu lag und dort von einem „Donnersohn" in einen „Apostel der Liebe" transformiert wurde.
- **Maria aus Bethanien**, die zu Füßen Jesu saß und indem sie seinen Worten lauschte, zu einer leidenschaftlichen Liebhaberin wurde.
- Und nicht zuletzt unser Herr und Meister **Jesus Christus** selber, von dem geschrieben steht, dass er auf dem Schoß des Vaters sitzt.

Warten auf Gott

Ich kenne keinen besseren Ort auf der Welt, wo ich zur Ruhe kommen kann, als der Schoß von Abba-Vater, meinem Freund. Wenn ich bei ihm bin, dann kommt meine aufgescheuchte Seele zur Stille. Wenn Papa nur da ist, dann wird alles gut! Das Eintauchen in seinen herrlichen Frieden dauert manchmal länger als mir lieb ist. Nicht der Vater braucht die Zeit, sondern ich. Manchmal gleiche ich einer Topfblume, die man wochenlang vergessen hat. Schlapp und vertrocknet hängen meine Blätter überall herab. Da hilft kein Gießen mehr, sondern nur noch ein ordentliches „Fußbad" in der Badewanne. Also Wasser in die Wanne und dann den ganzen Topf tief hineintauchen, soaking..., so lange, bis der ganze Wurzelballen mit neuer Lebensenergie prall gefüllt ist und die Blätter sich wieder grün nach allen Seiten ausbreiten. Ja, und das braucht Zeit! Hartnäckige Verhärtungen meiner Seele und ausgetrockneter Glaube lassen sich nicht einfach mal schnell abduschen oder mit der Gießkanne oberflächlich behandeln. Da brauche ich tiefere Zeiten, um tiefer in die Liebe meines Vaters einzutauchen, um tiefer berührt und verändert zu werden.

Die Bibel lädt immer wieder dazu ein: Warte auf deinen Gott! Erwarte etwas von ihm! Nimm dir Zeit und suche ihn! Halte still, bis er gekommen ist!

Viele Beter haben das in wunderschöne Worte gekleidet. **König David** ist da für mich ein ganz großes Vorbild. Er ist solch ein begabter Macher und Kämpfer. Und doch verzichtet er immer wieder auf seine eigenen Fähigkeiten und wird kindlich klein vor seinem großen Gott. Geradezu romantisch betet er ihn an und vertraut ihm in unmöglichen Situationen. Es bedeutet ihm stets mehr, was sein Gott empfindet, als das, was die Menschen wohl meinen. So ist er der einzige Mensch, den Gott „einen Mann nach seinem Herzen" nannte (1. Samuel 13, 14). Und was qualifizierte ihn dazu? Es war seine intime Freundschaft, die er mit Gott pflegte. In Psalm 17, 15 sagt er: *„Ich aber, ich werde dein Angesicht schauen in Gerechtigkeit, werde gesättigt werden, wenn ich erwache, mit deinem Bild!"* Es lohnt sich auch noch folgende Stellen zu lesen und darüber zu meditieren: Psalm 27; Psalm 42+43; Psalm 62; Psalm 63; Psalm 65.

Die Stille vor Gott ist ein Ort der Sättigung. Wir warten, bestaunen, betrachten, sinnen nach, meditieren, genießen,

lassen auf uns wirken und vertiefen uns in seine herrliche Gegenwart. **Das braucht Zeit und Muße.** Deshalb ist „Soaking" so
wichtig. Hier findet das Runterschalten statt. Hier ist die Bank vor
einem Gemälde oder Bergpanorama, die uns einlädt, zu verweilen
und schweigend anzubeten. Wie groß ist mein Vater?!!

Auf Abbas Schoß

Noch bevor ich meine Bibel aufschlage oder ein Gebet spreche,
brauche ich diesen Anblick seiner Liebe. „Soaking" heißt für mich,
ich krabbele auf den Schoß meines Abba-Vaters. In meinem Fall ist
das meistens ein bequemer „Ohrensessel" (schönes Wort!), der in
unserem Schlafzimmer steht. Ich setze mich still hin und versuche an
nichts anderes als an meinen wunderbaren Freund zu denken. Es
kann ganz schön schwer sein, nichts zu tun, nicht einmal aktiv zu
beten. Ich mache mir seine Gegenwart in meinem Leben bewusst.
So wie ich jetzt da sitze, so bin ich geborgen auf seinem Schoß. Vollkommen umhüllt von seiner Liebe. Im Hintergrund läuft leise (meist
instrumentale) Anbetungsmusik aus dem CD-Player. Manchmal lege
ich mich nieder auf den Teppich, um meine Offenheit und Bereit-
schaft, alles zu empfangen, zu signalisieren. Ich will mich lieben und
umarmen lassen von meinem himmlischen Vater. Oftmals spüre ich
seine Nähe, aber die Gefühle allein sind nicht ausschlaggebend. Mir
fällt auf, dass es nicht immer leicht ist, in die Nähe Gottes zu kommen. Es kann seine Zeit dauern, bis ich innerlich still werde. Dann
gleicht mein Herz einem aufgewühlten Meer. Erst wenn alle Wogen
geglättet sind, spiegelt sich das Angesicht des Himmels darin wider.
Ein anderes Mal schließe ich die Augen und bin sofort in seiner beglückenden Gegenwart angekommen. Es ist einfach nicht machbar.
Aber so oder so braucht *es* Zeit.

   **Verliebte haben Zeit füreinander. Sie sitzen einfach nur
da und genießen den Anblick und die Präsenz des anderen.**
So geht es mir auch in der Nähe von Abba-Vater, meinem größten
Liebhaber. Ich bete leise: „Hier bin ich, Vater! Es ist so schön, dass
du bei mir bist!" Und er flüstert zärtlich zurück: „Hier bin ich, mein
geliebtes Kind! Auch ich freue mich an deiner Gegenwart!" Das
kann dann einige Augenblicke so hin und her gehen. In solch einer
Schoßzeit bei Abba passiert für den außen stehenden Beobachter

nicht viel. Und doch berichten geliebte Kinder Gottes, die sich bewusst aufs „Soaking" einlassen, dass sie danach gestärkt, erfrischt
und mit neuer Gewissheit seiner großen Liebe aufstehen und weitermachen können.

Diese Art der stillen Hingabe und Intimität zwischen unserem
Vater und seinen Kindern breitet sich immer mehr im Leib Jesu aus.
Vielleicht nennt es nicht jeder „Soaking", aber ein Bewusstsein
wächst zunehmend dafür, dass wir in Gottesdiensten und auch in der
persönlichen „Stillen Zeit", eine **Phase des Ankommens, des Zur-
Ruhe-Kommens**, brauchen. Das Umschalten bzw. Abschalten von
Alltagsproblemen und Herausforderungen des 21. Jahrhunderts ist
eine große unerfüllte Sehnsucht vieler Zeitgenossen. Die meisten
Mitmenschen fühlen sich total überfordert und gestresst. Darum
sucht man an allen möglichen Orten nach Oasen der Ruhe mitten in
den Stürmen des Lebens. **Dabei ist doch eine Ruhe vorhanden.
Es gibt den Ort des himmlischen Friedens. Die Tür zum Vaterhaus der Liebe steht für alle jederzeit offen. Es ist so leicht, in
die Arme unseres liebenden Vaters umzukehren. Der Schoß
von Abba ist nur ein Gebet weit von jedem von uns entfernt.
Wie himmelreich sind wir doch, dass wir nach Hause kommen dürfen?!** Uns als Christen täte es gut, wenn wir den Schatz des
göttlichen Friedens, beim Vater zu Hause zu sein, wieder entdecken
könnten und freigebig mit einer nach Entschleunigung hungrigen
Welt teilten.

Persönliche Checkliste

1. Wie begegnest du deinem Bedürfnis nach Entspannung?

_____

_____

_____

_____

2. Warum fällt es dir schwer, bei Gott zur Ruhe zu kommen?

_____

_____

_____

_____

3. Probiere es aus, in seiner Liebe einzuweichen und ihn wirken zu lassen – wie in einem Schaumbad. Bist du bereit, auf den Schoß von Abba zu kommen?

_____

_____

_____

_____

11. Kapitel

An einem Tisch vereint

Liebe geht durch den Magen

Ich glaube manchmal, ich habe die Gabe des Essens und Trinkens. Und wie steht es mit dir? **Essen und Trinken gehören zu den elementaren Lebensäußerungen unseres Menschseins, aber auch zu den schönsten und genussvollsten.** Der Duft einer Speise und das appetitliche Aussehen eines Gerichtes erwecken etwas Unwiderstehliches in uns. Wir sagen zu Recht, dass unser Auge „mitisst". Hunger und Durst leiten unsere Sinne sowie auch Lust und Appetit. Die Nahrungszubereitung und der anschließende Verzehr können künstlerische Formen annehmen. Daneben kennen wir leider aber auch die Bilder von qualvoll Hunger leidenden Kindern sowie die Fastfood-Mentalität in dekadenter Form. Schon seit den frühen Anfängen der Menschheit gehört das gemeinsame Essen zu den wichtigsten sozialen Ereignissen. Man feiert Familienanlässe wie Geburten, Hochzeiten und selbst Beerdigungen mit einer Mahlzeit. Bundesschlüsse und Verträge werden mit einem Festbankett besiegelt. Die orientalische Gastfreundschaft ist sprichwörtlich. Religiöse Rituale und Speisen stehen oft in Zusammenhang. Und selbst beim Vorspiel erotischer Liebe kann das gemeinsame Essen seinen Platz finden. Liebe geht nun einmal bekannterweise „durch den Magen"!

Die **Bibel** bezeugt auf den ersten Seiten, dass durch den Verzehr einer verbotenen Frucht im Garten Eden die Sünde um sich fraß und die Menschheit aus der Gottesgemeinschaft herausfiel. Und wiederum endet die biblische Offenbarung mit einem Essen. Dem großen Hochzeitsmahl, eine Metapher für die ewige Gemeinschaft von Gott und Mensch.

Wenn man dann noch die diversen Bibelstellen über Essen und Trinken, die zwischen Genesis und Apokalypse liegen, summiert, lernt man das Staunen über die **kulinarische Seite unseres Glaubens.** Wir kennen die Geschichten von Manna und Wachteln in der Wüste. Das geschlachtete Passah-Lamm begleitet uns durch beide Testamente. Für ein Linsengericht verkauft jemand den Segen seiner Berufung. Ein paar Brote und Fische eines kleinen Jungen werden zum Anlass eines Wunders. Wein, der noch Augenblicke zuvor Wasser war, macht von sich reden. Das letzte Abendessen mit Jesu Freunden wird man nie vergessen. In gewisser Weise wird es sogar ausgedehnt bis in Ewigkeit. Hinzu kommen noch alle Beschreibungen, bei denen das Wort Gottes Wasser, Öl, Wein, Milch, Honig, Brot und andere Speisen gleichnishaft verwendet. **Essen und Trinken werden zum Sinnbild für Leben im Glauben. Hunger und Durst werden zum Sinnbild für Leidenschaft und Sehnsucht nach Gott. Und Brot und Wein werden zum Sinnbild für intime Tischgemeinschaft.**

Die ewige Tischgemeinschaft

Alle vier Evangelisten und auch der Apostel Paulus berichten über das Abendmahl, die letzte Tischgemeinschaft Jesu mit seinen Freunden (Matthäus 26, 26-30; Markus 14, 22-26; Lukas 22, 7–38; Johannes 13-17; 1. Korinther 11, 23-25). Das war ein ganz besonderer Moment hier auf der Erde im Leben unseres Herrn! Jesus sagt in Lukas 22, 16: *„Mit Sehnsucht habe ich mich gesehnt* (wörtlich: herzlich danach verlangt), *dieses Passahmahl mit euch zu essen, ehe ich leide!"* Hier ist das Herzblut Jesu drin. Und im Bericht von Matthäus 26, 29 heißt es weiter: *„Ich sage euch aber, dass ich von nun an nicht mehr von diesem Gewächs des Weinstocks trinken werde bis zu jenem Tag, da ich es neu mit euch trinken werde in dem Reich meines Vaters!"* Das ist wie ein Fasten-Versprechen zwischen Freunden.

Schauen wir uns die näheren Umstände von damals etwas genauer an. Unser Herr Jesus wusste, dass seine Zeit gekommen war, um für unsere Schuld stellvertretend den Tod am Kreuz zu sterben.

Er ist das perfekte Passah-Lamm, das die Sünde der ganzen Menschheit auf sich nimmt. So wie die Passah-Lämmer, die am „Karfreitag" jedes Jahr im Tempel geschlachtet wurden, auf den Feldern Bethlehems zur Welt kamen, so wurde auch er als Lamm Gottes in Bethlehem geboren. Zeitgleich, als Jesus am Karfreitag am Kreuz hing und dort seinen Todeskampf rang, wurden im Tempel die Opfertiere geschlachtet – nämlich in der Zeit zwischen 12.00 – 15.00 Uhr. Danach wurde der Passah-Sabbat einberufen und man feierte fröhlich zusammen in den Häusern das Festmahl, in Erinnerung an die große Befreiung aus dem Land der Sklaverei. Weil Jesus aber zu diesem Zeitpunkt bereits tot sein würde, zog er einfach das Abendmahl vor und feierte es prophetisch-zeichenhaft mit seinen Freunden schon 24 Stunden vorher, quasi am Abend von „Gründonnerstag". Aber musste das nicht seinen Freunden etwas eigenartig vorgekommen sein?

Stell dir mal vor, du würdest bereits am 23. Dezember Heilig Abend mit deinen Freunden feiern und die Geschenke öffnen..., das wäre doch komisch, oder?! Nun, die Freunde Jesu waren so manches von ihrem Meister gewohnt. Aber <u>wo</u> konnte man nur damals das Passah-Fest einen Tag früher feiern? Es gibt da eine Vermutung, die wirklich Sinn machen würde. In Lukas 22, 10 lesen wir, dass Petrus und Johannes bei ihren Vorbereitungen für das Abendmahl von Jesus konkrete Instruktionen bekamen. Sie würden auf einen <u>Mann</u> treffen, der <u>Wasser trägt.</u> Den sollten sie ansprechen und dann würde sich alles Weitere finden. Vielleicht ist das für uns nicht weiter verwunderlich, aber im orientalischen Kontext mutet das schon etwas eigenartig an. Denn Wassertragen war eine typische Frauenaufgabe. Das tat einfach kein Mann (in manchen Kulturen ist das bis heute noch so). Es sei denn, er gehört zu einer reinen Männer-Kommunität wie den „Essenern". Das war ein sehr frommer jüdischer Glaubensorden. Sie besaßen ein Kloster in Qumran am Toten Meer. Diese Männer lebten in absoluter Enthaltsamkeit und Askese. So wollten sie sich auf das Kommen des Messias reinigend vorbereiten. Dieser Orden hatte auch ein Gästehaus in Jerusalem. Vermutlich befand sich genau dort das Obergemach mit Polstern, wo Jesus und seine Jünger das letzte Abendmahl feierten. Die Essener waren für ihre unorthodoxe Auslegung und Praxis von religiösen Festen bekannt. Ihnen wäre es zuzutrauen, dass sie sich nicht an die traditionellen Spielregeln des Passahfestes hielten.

Wie dem auch sei, Jesus fand einen Ort, an dem er sich ungestört mit seinen Freunden zurückziehen konnte. Wie es zur antiken Zeit Sitte war, lag man an einem niedrigen Tisch, auf Polsterkissen gestützt, körperlich nahe, Seite an Seite. Auf den ersten Blick war da nichts anders als sonst bei einem Passah-Sabbat. Da standen **Brot und Wein** und andere leckere Speisen. Nur es fehlte das Osterlamm. Wie ein Gastgeber brach unser Herr das Brot und reichte es seinen Jüngern, ebenso den Kelch mit dem Wein. Das war eine vertraute Geste, die jeden an seine Familie erinnern musste. Hatten sie nicht alle das schon tausende Male so erlebt? Aber dieses Mal war alles anders! Die Stimmung war anders als sonst. Es lag eine unwahrscheinliche Spannung im Raum. Eine Mischung aus Ehrfurcht gebietender Heiligkeit und trauriger Schwere. Auch die Worte Jesu waren anders: **Dies ist mein Leib. Dies ist mein Blut.** – Was meinte er nur wieder damit? Die Jünger verstanden es nicht, aber keiner wagte zu fragen. Denn alle spürten die besondere Atmosphäre im Raum. Der Himmel war so nahe, obwohl die Bedrohung durch die Verfolgung der Juden und Römer genauso real vor ihnen stand. Aber in diesem Augenblick zählten nur die tröstenden Worte Jesu: *„Ihr aber seid es, die mit mir ausgeharrt habt in meinen Versuchungen, und ich verordne euch, wie mein Vater mir verordnet hat, ein Reich, dass ihr esst und trinkt an meinem Tisch in meinem Reich..., ich habe für dich gebetet, dass dein Glaube nicht aufhöre..."* Lukas 22, 28-30+32. **Der Friede von Abba-Vater war im Raum.** Das spürten alle – bis auf den Einen, der sich in die Nacht verabschiedete und die Tischgemeinschaft fluchtartig verließ – Judas.

So sangen sie ihre Loblieder, beim Anbruch der Nacht. Dann kam Gethsemane. Dann kam das Kreuz. Und mit Jesus starben ihre Hoffnungen auf Golgatha. Dann kamen der Ostermorgen und die verwirrenden Nachrichten vom leeren Grab. Zwei Jünger auf dem Weg nach Emmaus machten unterwegs eine faszinierende Bekanntschaft. Als fremder Reisebegleiter gesellte sich der Auferstandene zu ihnen. In Lukas 24, 30-32 lesen wir: *„Und es geschah, als Jesus mit ihnen zu Tisch lag, nahm er das <u>Brot</u> und segnete es, und <u>als er es gebrochen hatte,</u> reichte er es ihnen. Ihre Augen aber wurden aufgetan, und sie erkannten ihn; und er wurde vor ihnen unsichtbar. Und sie sprachen zueinander: Brannte nicht unser Herz in uns, wie er auf dem Weg zu uns redete und wie er uns die Schriften öffnete?"* **Das gebrochene Brot wurde zum Erkennungsmerkmal**

der Gegenwart des auferstandenen Herrn! Das pflanzte sich
fort in der jungen Kirche, die nun entstand. In Apostelgeschichte 2,
46 heißt es: *„Täglich verharrten sie einmütig im Tempel und brachen
zu Hause das Brot, nahmen Speise mit Jubel und Schlichtheit des
Herzens..."* In ihnen hallten die Worte ihres Herrn: **Solches tut zu
meinem Gedächtnis.** Das begeisterte die Jünger. Sie konnten die
lange Zeit des Wartens, bis sie ihren Liebsten wieder sehen würden,
abkürzen. Jedes Mal, wenn sie das Brot brachen und den Kelch mit
einander teilten, spürten sie ganz besonders seine unsichtbare Nähe.
So wurde das Abendmahl (wörtlich: Eucharistie = Freudenmahl,
„Herrenmahl") zum festen Bestandteil ihres Lebens und ihrer Gottesdienste. **Gott und Mensch an einem Tisch vereint!** Wir können Tischgemeinschaft mit dem lebendigen Gott haben, jetzt schon
und bis in Ewigkeit.

Neues Verständnis von Abendmahl

Die Praxis des Abendmahls hat in 2000 Jahren Kirchengeschichte
viele unterschiedliche Gesichter und Erkenntnisse hervorgebracht.
Und doch sind alle Christen darin einig, dass hier, in den Zeichen
von Brot und Wein, sich etwas Himmlisches ereignet, das höher ist
als unser menschliches Verstehen. Eine prophetische Zeichenhand-
lung: Gott und Mensch an einem Tisch vereint! In der Regel (vor
allem in den evangelischen Kirchen) kennen wir das Abendmahl als
Gemeinschaftsmahl und betonen dabei die **horizontale Linie der
Gemeinschaft zwischen Geschwistern.** Wir verstehen es als Liebesmahl, ursprünglich bei den ersten Christen sogar noch mit einem
gemeinsamen Essen verbunden. In der römisch-katholischen Kirche
(und den orthodoxen Kirchen) wird mehr die **vertikale Linie** be-
tont, die geheimnisvolle Gemeinschaft (Kommunion), ein **Liebesmahl zwischen Gott und dem einzelnen Menschen**.
    Die Vater-Offenbarung scheint mir beide theologische Erkennt-
nissträngе wieder zusammenzubringen. Es ist so wohltuend, in Gemeinschaft mit anderen Brüdern und Schwestern das Opfer unseres
Vaters in Jesus Christus zu feiern (wir tun das in der Regel viel zu
wenig!). Aber auch das Geheimnis der persönlichen Intimität zwischen Vater und Kind kann neu erlebt werden. Mir ist es zum Bedürfnis geworden, zusammen mit meinen Glaubensgeschwistern das

Mahl zu feiern, aber auch ganz persönlich allein mit meinem Vater im Himmel. Da die erste Variante allgemein bekannt ist, will ich kurz auf die zweite eingehen. Ich nehme mir ein Glas mit einem Schluck Wein und ein Stückchen Brot. Ich gehe damit an einen ruhigen Ort, wo ich Gemeinschaft mit dem Vater pflegen kann. Ich betrachte die Zeichen seiner Liebe in Erinnerung an den zerbrochenen Leib Jesu und sein vergossenes Blut. Jedes Mal, wenn ich auf diese Weise das Liebesmahl mit meinem Abba-Vater feiere, ist es mir so, als ob ich **ganz tief mit ihm eins werde**.

Das Geheimnis der Einheit

Wir dürfen nie vergessen, **dass es unserem Abba-Vater immer um Liebe geht. Liebe bedeutet Hingabe, Aufgabe, Sichverschenken, Einswerden.** Das Ziel einer guten christlichen Ehe ist die tiefe Einheit von Geist, Seele und Leib beider Partner. Trotz aller Individualität findet ein Höchstmaß an Verschmelzung statt. Die Frucht dieses Einswerdens ist neues Leben. Das Ziel der Intimität zwischen Gott-Vater und uns, seinen Kindern, ist Liebe auf einem höheren Niveau. In Jesus, seinem Vaterherz in Person, hat er uns gezeigt, wie sehr er uns liebt. Johannes 3, 16: *„So sehr hat Gott* (unser Vater) *die Welt geliebt, dass er seinen eingeborenen* (einzigartigen) *Sohn* (Jesus Christus, d. h. sein Vaterherz) *gab, damit jeder, der an ihn glaubt, nicht verloren geht, sondern ewiges Leben hat!"* Und diese rettende Vaterliebe Gottes hat er durch seinen Ruach-Atem, den heiligen Geist, in unsere Herzen ausgegossen, wie es in Römer 5, 5 steht: *„...denn die Liebe Gottes ist ausgegossen in unsere Herzen durch den Heiligen Geist, der uns gegeben worden ist...".* **Durch die Innen-Erfahrung der Liebe Gottes sollen wir fähig gemacht werden, in den Dimensionen der Liebe Gottes beständig zu leben.**

Epheser 3, 17-19: *„...dass der Christus* (das Vaterherz Gottes in Person) *durch den Glauben in euren Herzen wohne und ihr in Liebe gewurzelt und gegründet seid, damit ihr imstande seid, mit allen Heiligen völlig zu erfassen, was die Breite und Länge und Höhe und Tiefe ist, und zu erkennen die Erkenntnis übersteigende Liebe des Christus, damit ihr erfüllt werdet zur ganzen Fülle Gottes."* Mit anderen Worten, wenn wir mit der Liebe des Vaters, in Jesus Christus, durch den Heiligen Geist, verschmelzen, dann werden wir mit unserer ganzen Persönlichkeit hineingezogen in die Fülle seiner göttlichen Liebe. **Das sind solche Augenblicke, wo du dich total und rundherum von Gott geliebt weißt. Eine höhere Form von Einheit mit dem dreieinen Gott gibt es hier auf Erden nicht.** Das ist göttliche Intimität, nach der der Vater sich sehnt – und auch wir Ausschau halten.

Viele Kinder Gottes erleben das Geheimnis der Einheit mit dem Vater besonders eindringlich, wenn sie ihn anbeten oder in seinem Wort suchen. Doch lasst uns bitte nicht die Kraft des Abendmahls unterschätzen. Jesus sagt in Matthäus 18, 20: *„Wo zwei oder drei versammelt sind in meinem Namen, da bin ich in ihrer Mitte!"* **Es gibt einen Bonus des Himmels für das Streben nach Einheit.** Einheit mit den Geschwistern. Einheit mit Abba-Vater bei Brot und Wein. Das Versprechen gilt, dass sich Jesus bei solchen Menschen besonders gerne offenbart. Er tritt in ihre Mitte, bricht das Brot und lässt die Herzen höher schlagen.

Zum Schluss möchte ich noch auf eine weitere Möglichkeit hinweisen: Das Brotbrechen war in der jungen Gemeinde eingebettet in einen größeren Rahmen von freundschaftlichen Beziehungen. Man traf sich in den Privathäusern hin und her, teilte den Alltag und auch die Nahrungsvorräte. Freunde gehen miteinander essen. Das ist auch heute noch so. Freundschaft lebt doch von Zeiten, bei denen man sich am Tisch gegenübersitzt, einander in die Augen schaut, leckeres Essen genießt und auch ein Glas guten Weines trinkt, in einem gemütlichen Ambiente, bei Kerzenschein und stimulierender Musik im Hintergrund. Man plaudert gelöst und erzählt sich tausend Dinge. Und am Ende des Abends ist jeder verwundert, wie schnell nur die Stunden verflogen sind. Aber die Herzen zweier Freunde wurden tiefer miteinander verbunden. Kennst du solche beglückenden Abende? – Warum nicht das Gleiche in der Freundschaft mit Abba-Vater erleben?! Du schaust mich verwundert an und denkst wohl, wie man mit dem unsichtbaren Gott essen gehen kann? Aber es ist tatsächlich möglich!

Hier mein **Vorschlag für einen Freundschaftsabend mit Abba**: Nimm dir einen freien Abend. Je nach Begabung koche, backe, dekoriere das Zimmer und decke aufs Feinste den Tisch für zwei, kaufe einen schönen Blumenstrauß oder was sonst in die Jahreszeit passt. Ziehe dich chic an. Kreiere eine Atmosphäre, in der du dich wohl fühlst, und auch dein Freund. Mach alles so, wie du es für einen sichtbaren, sehr guten Freund oder Geliebten machen würdest. Und dann setze dich an den gedeckten Tisch und lade Abba-Vater ein, mit dir den Abend zu verbringen. Esse, trinke, genieße, rede mit ihm, deinem allerbesten Freund, und mache dir seine Nähe bewusst. Jesus war gerne auf Partys eingeladen. Das haben ihm böse Menschen sogar zum Vorwurf gemacht. Wenn er selbst beim Halsabschneider Zachäus eingekehrt ist, wird er dann nicht auch zu deiner Einladung kommen? Ich habe das selber schon etliche Male gemacht und kenne auch andere, die das ausprobiert haben. Und was soll ich sagen? Gott ist bisher noch jedes Mal gekommen! Er liebt die Tischgemeinschaft mit uns!

Persönliche Checkliste

1. Wie erlebst du das Abendmahl, was passiert da in dir?

_____

_____

_____

_____

2. Wie könnte das Abendmahl in deinem Leben einen tieferen Stellenwert bekommen (im Hauskreis feiern, andere Form ausprobieren)?

_____

_____

_____

_____

3. Willst du es einmal ausprobieren, mit Abba-Vater Essen zu gehen, wie mit einem guten Freund?

_____

_____

_____

_____

12. Kapitel

Die Zeichensprache der Liebe

Ohne Worte

Liebende verstehen sich auch ohne Worte. Sie können in den Augen des anderen lesen. Sie haben gelernt, auf die ungesagten Zwischentöne zu achten und die Zeichen zu deuten. Gestik und Mimik, die Körpersprache eines Menschen. Wie einer etwas macht und womit er es ausdrückt. Das alles verrät mehr als Worte es oftmals vermögen. **Unsere ganze Welt ist voller unausgesprochener Botschaften.** Wir leben umgeben von einer Flut von Bildern. Manche Zeichen sind so alt wie die Menschheit: zum Beispiel der Kuss, als Ausdruck von Zuneigung, oder die geballte Faust, als Zeichen der Aggressivität. Andere Zeichen entstammen einzelnen Epochen: so wie die Höhlenmalerei der Urzeit oder die Wappen der Ritter im Mittelalter. Selbst die Hieroglyphen, die ersten Schriftzeichen, waren anfänglich nur eine Aneinanderreihung von Bildern und Symbolen. Neben dem gesprochenen Wort gab es zu allen Zeiten das Phänomen der **Zeichensprache**. Unsere heutige Zeit kennt sie auch: Straßenschilder im Verkehr, Noten für die Musik, Abkürzungen auf dem Display, Symbolleisten im Internet etc. Es gibt mittlerweile eine Fülle von Zeichen, die überall auf der Welt verständlich sind. Auch ohne Worte. Jenseits von Sprachen und Kulturen.

    Das jetzige Jahrtausend ist das Zeitalter der Visualisierung. Das World Wide Web hält alle umgarnt in seinen Fängen. Kaum einer kann sich dem entziehen. Es gibt niemanden, der das angebotene Maß an Informationen in sich aufnehmen, geschweige denn verdauen könnte. **Bei einer noch nie da gewesenen Reizüberflutung muss der zunehmend immunisierte Mensch mehrfach angesprochen werden, um mit dem Inhalt einer Botschaft wenigstens einmal in Berührung gekommen zu sein.** Weil die erlebte Wirklichkeit der Außen- und Innenwelt immer komplexer und differenzierter wahrgenommen wird, sehnt sich der Mensch des 3. Jahrtausends nach einer Vereinfachung, die aber der eigenen Persönlichkeit noch Gestaltungsraum übrig lässt. In der Postmoderne will man ganzheitlich berührt werden, mit allen Sinnen. Mit Worten und ohne Worte. Mit Bildern, Metaphern und Symbolen. Mit Aktionen und mit Raum zur Stille. Die Zeichensprache bietet Platz für eigene Gefühle und Deutungen. So entstehen globalisierte Universalsprachen, jenseits der eigenen Muttersprache, wie der Sport, das Internet oder auch die Musik. Ich zähle den ganzen Bereich der Künste – Malerei, Bildhauerei, Schriftstellerei, Fotografie, Tanz, Musik, Theater etc. – auch noch dazu.

Der große Künstler

Das ist die große Chance des christlichen Glaubens im Wettkampf der Religionen. Wir Christen haben einen Gott, der der Meisterkünstler in Person ist. Unser Abba-Vater ist der große Chefdesigner des Universums. Wir beten nicht die Sonne an, sondern den, der die Sonne gemacht hat. Wir glauben nicht an die Kraft der Sterne, sondern an die Kraft dessen, der die Sterne einzeln beim Namen ruft. **Wir verehren nicht das Geschaffene, sondern den Schöpfer.** Hinter der Schöpfung steht für uns kein ferner, eiskalter Kreator, sondern ein liebender Papa. Das macht den großen, einzigartigen Unterschied zu allen Religionen!

Die ganze Bibel bezeugt unsern Gott als wunderbaren Meister des Lebens. Unser Vater-Gott ist Erfinder, Handwerker und Künstler zugleich. Er hat alles in absoluter Perfektion und Weisheit erschaffen. Mir ist immer noch unbegreiflich, wie ich als Schüler gezwungen werden sollte, intellektuellen Gedankenspielen und Hypothesen Glauben zu schenken, die behaupten, die Welt hätte sich von alleine aus einem Urknall entwickelt (mein Biologielehrer hatte wohl selber keine Kinder, sonst hätte er wissen müssen, dass zwar aus Ordnung Chaos werden kann, aber dass niemals aus Chaos von alleine Ordnung wird! Die Zimmer meiner Kinder bieten mir seit Jahrzehnten den täglichen Beweis!).

Unser Abba-Vater ist der Erfinder von Farben, Formen, Düften, Klängen und Rhythmen. Die ganze Schöpfung spiegelt die grandiose Vielfalt seiner Ideen wider. Morgenröte, Regenbogen, Bergpanorama, schäumendes Meer, Sternenhimmel. Pflanzen, Tiere, Menschen. Überall sind seine Fußstapfen und Fingerabdrücke wiederzufinden. Galaxien und Gene, Milchstraßen und Moleküle loben ihn für seine Macht. Hinter jedem Detail steckt seine vollkommene Liebe und grenzenlose Intelligenz. Wer in die Weiten des Weltraumes schaut oder tief ins Mikroskop blickt, wird nur staunend anerkennen können, wie herrlich alles gemacht ist. *„Und siehe, alles war sehr gut!"* (1. Mose 1, 31).

Nicht nur in der Natur sehen wir die künstlerischen Fähigkeiten unseres Vaters, sondern auch bei vielen historischen Begebenheiten des Volkes Israels: Der Bauplan für die Stiftshütte und den späteren Tempel stammen direkt vom Schreibtisch unseres himmlischen Papas und Architekten (2. Mose 25, 9). Die poetische Sprache der Psalmen, die dramatischen Visionen der Propheten, die bunten Symbole in Träumen und Offenbarungen fließen direkt aus seiner Feder. Zeichenhandlungen wie die Passah-Nacht oder der Bau von Altären sind göttliche Erinnerungsdenkmäler. Sie sind die lautlosen Hinweisschilder am Wegesrand der Geschichte. Selbst die Existenz Israels, seine Erwählung und großartige Berufung, sein Land und seine Wegführungen werden zu einem Anschauungsmodell für Gottes großen Heilsplan mit allen Völkern. Das jüdische Volk lebt quasi zeichenhaft die Vorwegnahme der ewigen Gedanken unseres himmlischen Vaters. **Die Geschichte Israels lässt sich wie ein Bilderbuch allegorisch lesen, verstehen und auslegen.**

Das Bilderbuch Gottes

Ist im Alten Bund die Erschaffung des Menschen das Meisterstück unseres Schöpfer-Vater-Gottes, so ist im Neuen Bund die Fleischwerdung Gottes im neuen Adam, Jesus Christus, und der damit verbundene Rettungsplan für die gesamte Menschheit sein absolut größtes Meisterwerk! Gottes Vater-

herz wird Mensch. Nirgendwo werden wir die Genialität und Allmacht Gottes eindrücklicher bestaunen können als in seinem einzigartigen Sohn! *„Nachdem Gott vielfältig und auf vielerlei Weise ehe-
mals zu den Vätern geredet hat in den Propheten, hat er am Ende
dieser Tage zu uns geredet im Sohn, den er zum Erben aller Dinge
eingesetzt hat, durch den er auch die Welten gemacht hat; er, der
Ausstrahlung seiner Herrlichkeit und Abdruck* (wörtlich: Charakter)
seines Wesens ist und alle Dinge durch das Wort seiner Macht trägt..."
(Hebräer 1, 1–3)

**Jesus offenbart den Vater, wie nichts anderes Vergleich-
bares im ganzen Universum.** Alles, was er sagt und tut, repräsen-
tiert den Vater. Er ist das Abbild Gottes. Sein Leben ist das Bilderbuch dazu. Die vier Evangelien vermitteln mehr als die Stimme Jesu.
Sie fangen die ganze Herrlichkeit mit ein, die von ihm ausgeht. Er ist
der Prototyp. Er steht für Sohnschaft und Freundschaft mit dem Vater! Jesus erzählt nicht nur Gleichnisse, sondern sein eigenes Leben
ist beispielhafter Anschauungsunterricht für gelebte Gottesbeziehung.

Die Jünger Jesu lernen das in ihrer Nachfolge. Für sie wird der
banale Alltag zum Schaufenster Gottes. Ein Weizenkorn, ein Fischer-
netz oder ein Kamel kann zum lebendigen Predigtmaterial werden.
**Jesus öffnet ihnen die Augen für die Zeichensprache des Him-
mels. Die ganze Umwelt ist voller versteckter Hinweise auf
das Reich Gottes. Die Wassertaufe, das Segensgebet mit
Handauflegung, die Fußwaschung und das letzte Abendmahl
sprechen tiefere Schichten in ihnen an, als ihr Verstand es
begreifen könnte.** Jesus sagt ihnen: *„ein Beispiel habe ich euch
gegeben!"* (Johannes 13, 15) und *„dies tut zu meinem Gedächtnis!"*
(Lukas 22, 19).

Auch die Apostel führen in ihrem Dienst diese Linie fort. Paulus
sagt in 1. Korinther 11, 1: *„Seid meine Nachahmer, wie auch ich
Christi Nachahmer bin!"* (hier steht das Wort „mimen", von dem unser Wort „Pantomime" stammt). Mit anderen Worten, wir sollen die
Worte und Werke Christi und seiner Apostel mit unserem Leben
nachahmen und somit fortführen. Wie heißt es in einem Spruch: **Die
Christen sind die einzige Bibel, die die Öffentlichkeit noch
liest!** Ein Lebensstil der Nachahmung Jesu. Das ist eine prophetische Existenz.

Prophetische Symbolik

Symbole und Zeichen in der Bibel sind zunächst einmal verschlüsselte Codes und bedürfen der Erklärung und Deutung. Sie sind Geheimnisse, die übersetzt werden wollen. Das Baby in der Krippe zu Weihnachten, die Taube über dem Taufwasser, das blutige Kreuz am Karfreitag, das leere Grab am Ostermorgen, die Feuerzungen zu Pfingsten..., all diese Zeichen erschließen sich nicht von alleine. Sie müssen erklärt werden, will man sie verstehen. So verhält es sich mit der gesamten, manchmal mysteriös anmutenden, prophetischen Symbolik der Bibel.

Ich glaube an die alte Wahrheit: **Die Bibel muss mit der Bibel ausgelegt werden!** Es lohnt sich, tiefer im Wort Gottes zu schürfen. Oft erschließt sich eine biblische Wahrheit erst beim Durchlesen von vielen weiteren Bibelstellen zum gleichen Thema (Parallelstellen). Das gilt auch für die Symbolsprache der Bibel. Manches Symbol, das uns begegnet, taucht noch in anderen Zusammenhängen auf. Wie bei einem Puzzle entsteht mehr und mehr ein Gesamtbild. Vergleichen wir es mit einer Übersetzung von einer Sprache in eine andere. Es bleiben manchmal mehrere Bedeutungsmöglichkeiten über. Oder man kann den Inhalt nur umschreiben, weil das passende Wort nicht vorhanden ist. So ist es auch mit Zeichen und Symbolen. Sie berühren vielfach mehrere Bedeutungsebenen.

Es ist wichtig, im Auge zu behalten: Es geht nicht um „ein heiliges Ding" (Sakrament), oder um die Kraft Gottes, die möglicherweise darauf ruht (Relikt), sondern um die Person von Abba-Vater, auf den das Ganze schließlich hinweist. Ein anderes Beispiel wäre: Mein Ehering erinnert mich an den Bund der Liebe, den ich mit meiner Frau geschlossen habe. Ich kann mich an den Tag erinnern, an dem sie den Ring mir aufgesteckt hat. Dieser Ring ist ein Zeichen. Er symbolisiert meinen Ehebund, der nie enden soll. Aber meine Liebe hängt nicht an diesem runden Stückchen Gold! Wenn ich ihn verlieren würde, wäre die Liebe zu meiner Frau immer noch da! Ohne meine Frau wäre der Ring bedeutungslos. Und ohne meine Liebe zu ihr würde er auch nichts Relevantes über unsere Beziehung aussagen können. Verstehen wir?!

Wenn wir Symbolen den richtigen Platz zuweisen, dann können sie ein enormer Segen für unser geistliches Leben sein. Sie sind Hinweise auf Gott, nicht mehr und nicht weni-

ger, aber sie sind auch Botschaften, die er in einer eindrück-
lichen Zeichensprache zu uns spricht. Es gibt gute Literatur zu
den tieferen Bedeutungen der biblischen Bildersprache. Ich empfehle es sehr, sich damit vertraut zu machen. Auf einmal können Bi-
belworte, Erinnerungen aus Träumen und visionäre Impulse in
einem völlig neuen Licht erscheinen. Es tut gut, die Zeichensprache
der Liebe Gottes verstehen zu lernen und auch selber das Sprechen
zu praktizieren! Ach, es gibt noch so viel mehr zu entdecken!

Sein Zeichen über mir ist Liebe

Das **Hohelied der Liebe** ist eine Fundgrube von prophetischer
Symbolsprache. Zunächst handelt es sich hier um die intimen Lie-
besbekundungen zwischen König Salomon und seiner jungen Braut
Sulamith. Aber daneben geht es auch prophetisch-allegorisch um
die Liebe zwischen dem königlichen Bräutigam (Sinnbild für Jesus)
und der jungfräulichen Braut (die Gemeinde). Insofern können diese
Worte gleichnishaft zu uns sprechen. Der Bräutigam flüstert: *„Komm,
meine Schöne, denn der Winter ist vorbei...!"* Die Braut sagt: *„...sein
Zeichen* (wörtlich: Banner, Standarte, Überschrift) *über mir ist Liebe!"* (Hohelied 2, 4+10).

**Gottes Zeichen über mir ist Liebe! Der Vater hat meinem
Leben eine Überschrift gegeben. Das ist seine Liebe! Die Vorzeichen meines Lebens stehen auf positiv! Ich bin geliebt und
angenommen!** Die ganze Erde ist erfüllt mit der Güte des Herrn
(Psalm 33, 5). Überall werde ich auf seine Liebesspuren stoßen. Ich
muss nur allezeit danach Ausschau halten. Mein Alltag ist der Ort, an
dem sich das bewahrheiten soll.

**Seit über einem Jahr versuche ich mir täglich bewusst zu
machen, wo ich die Spuren von Abbas Freundschaft und Liebe in meiner kleinen Welt entdecken kann.** Manchmal ist es ein
Morgenrot, wenn ich früh aufstehe und mein Blick aus dem Bade-
zimmer fällt. Ein anderes Mal ist es das Lächeln eines fremden Kindes in der Straßenbahn. Oder eine neue Erkenntnis beim Lesen
eines allseits bekannten Bibelwortes. Ein lieber Anruf. Die gute
Nachricht in einer Mail. Ein geglücktes Vorhaben..., ich staune immer wieder, auf wie vielen Wegen mir täglich seine Liebe begegnet.

Oft bin ich noch viel zu blind dafür und sehe den Wald vor lauter Bäumen nicht!

Komisch, die Tatsache, dass mein Leben von seiner Liebe umzingelt und durchflutet ist, gehört nicht zu den normalen Parametern meines Lebensgefühls. Es kommt mir eher spanisch vor (das sagt man so...)! Wie eine Fremdsprache, die ich erst noch verstehen und sprechen lernen muss. Sie ist mir noch nicht in Fleisch und Blut übergegangen. Aber ich bin auf einem guten Weg. Ich kann die Wahrheit schon ein ganzes Stück mehr umarmen.

Dabei empfinde ich Gottes Zeichensprache als großen Gewinn. Hier entdecke ich etliche Hilfsmittel, die neue Zugänge zu meinem Herzen eröffnen. *„Schmecket und sehet, dass der Herr gütig ist! Glücklich der Mann, der sich bei ihm birgt!"* heißt es in Psalm 34, 9. **Mit allen Sinnen will ich mich meinem Gott hinhalten und auf die Zeichen seiner Liebe achten.**

Hier kommen ein paar **Hilfsmittel**, Beispiele aus meinem persönlichen Erleben. Das sind, unter anderem, alltägliche Gegenstände; Tücher und Stoffe in bestimmten Farben, die ich mit konkreter Aussagekraft verbinde; aber auch besondere Requisiten, die ich durch die Jahre gesammelt habe, weil sie mich an wesentliche biblische Wahrheiten erinnern:

- Das rote Tuch: Rot steht für die Kraft des Blutes Jesu. Mit seinem Opfertod hat er den Preis für meine Sünde bezahlt. Ich hülle mich in das Tuch ein. So soll mich jetzt die Macht seiner liebenden Vergebung bedecken. Anschließend bietet es sich an, mit einem weißen Tuch die Reinheit und Wiederherstellung darzustellen.
- Das weiße Porzellan-Pferd: Es erinnert mich an den Reiter auf dem weißen Pferd aus Offenbarung 19. Das ist der Sieger von Golgatha. Wenn ich diese Statue betrachte, vergegenwärtige ich mir den Sieg vom Kreuz.
- Der siebenarmige Leuchter: Sieben ist die Zahl Gottes und steht für Fülle. Licht steht für den Heiligen Geist. Natürlich erinnert uns dieses Zeichen auch an Israel, das sich die „Menorah" zum Wahrzeichen erwählte. In erster Linie geht es hier um die Fülle im Heiligen Geist. Ich zünde die Kerzen an und lade den Geist Gottes ein, mein Leben zu erleuchten.

- Der glatte Stein: Ich halte den kalten Stein in meinen Händen und spüre, wie er meine Körpertemperatur annimmt. Mich erinnert das an das steinerne Herz. Ich bete um ein fleischernes Herz. Um die Erneuerung meines Innersten.
- Das goldene Tuch: Gold steht für die Herrlichkeit Gottes. Wir werden im Himmel auf goldenen Straßen tanzen. Ich lege das Tuch auf die Erde und tanze darauf. Jetzt und hier kann der Himmel losbrechen.
- Die Sanduhr: Ich drehe die Uhr um und lass den Sand aufs Neue rieseln. Zeit wird greifbar, messbar. Ich bete, dass meine Zeit in Gottes Händen ist. Ich mache mir die Ewigkeit bewusst.
- Der Spiegel: Ich betrachte mein Angesicht im Spiegel. Der Mensch sieht, was vor Augen ist, aber Gott sieht anders. Ich will seine Herrlichkeit widerspiegeln.
- Die einzelne Rose: Die Rose ist die Blume der Braut. Schon eine einzelne Rose entfaltet Schönheit. Ich schenke Jesus, meinem Bräutigam, meine Liebe.
- Die Schatzkiste: Eine kleine Schatulle mit den Reichtümern eines Kindes. Gesammelte Juwelen des Alltags. Ich öffne das Kästchen und lege es zu Jesu Füßen, so wie die Weisen ihre Schätze brachten. In Gottes Augen waren das auch nur Glasperlen. Ausdruck meiner kindlichen Hingabe.
- Das Schofar-Horn: Ein Instrument, das zum Aufbruch ruft. Ein Weckruf, ein Kampfruf. Ich blase in das Horn und aktiviere meinen Glauben an den Herrn der Durchbrüche.
- Das Fernrohr: Ich schaue hindurch und betrachte die Weite. So will ich im Geist jetzt über meine Begrenzung hinaus sehen. Ich lade den Heiligen Geist ein, meine enge Perspektive zu erweitern und bin offen für Visionäres.
- Der Siegelring: Er erinnert mich an den Ring des Vaters in Lukas 15. Ein Zeichen der Annahme und der Erbschaft. Ich proklamiere Gottes Versorgung. Wer den Ring hat, der hat freien Zugang zu den Ressourcen.
- Der Hirtenstab: Der Holzstab führt mich zum Psalm 23. Gott leitet mich, erzieht mich und korrigiert meinen Weg. Ich halte den Stab, wie Moses, in die Luft und spreche zu den aufgewühlten Meereswogen meiner Gefühle, dass sie sich teilen und einen Weg für den Herrn machen sollen.

• <u>Das rote Plüschherz:</u> Wer mich kennt, kennt auch dieses besondere Utensil. Ich lege das weiche Kissenteil auf meine Brust und bete, dass mich Gottes Vaterherz erfüllen möge. Oftmals erlebe ich dabei eine tiefe Herzensschau.

Da gibt es noch viel, viel mehr Zeichen der Liebe über meinem Leben auszuprobieren! Hat das auch deine Fantasie beflügelt? Wo entdeckst du Zeichen der Liebe über dir? Einfache Gesten – wie Kerzen anzünden, Brot brechen, Arme heben, sich bedecken, etwas zerreißen – können unserer Seele so unendlich guttun. Und das alles kann „Stille Zeit" sein! Ausdruck deiner Beziehung zu Gott. Was tun Freunde? Sie teilen alles miteinander. Auch ihre Murmeln und Spielsachen. Die Schätze aus ihren Hosentaschen und aus ihren Herzen. Denke bloß nicht, dass Gott sich nicht darüber freuen würde. Das ihm das alles nicht heilig genug erscheinen würde. Jesus ist mit Petrus angeln gegangen und beim Zachäus hat er sich die Münzsammlung angeguckt. **Es sollte nichts Banales in unserem Leben geben, was der Herr nicht zu einer Botschaft seiner Liebe machen könnte! Das Zeichen über uns ist Liebe!**

Deine Checkliste

1. Welches christliche Symbol ist dir besonders wertvoll – und warum?

_____

_____

_____

_____

2. Wo kann dir die biblische Zeichensprache in deinem Glaubensleben eine Hilfe sein?

_____

_____

_____

_____

3. Welche Gegenstände des Alltags sind ein Zeichen der Liebe Gottes für dich?

_____

_____

_____

_____

Zum Schluss: Worauf es ankommt...!

Danke, dass du dich auf den Seiten dieses Buches hast einladen lassen, ganz neu Gott als Vater und Freund kennen zu lernen. Ich hoffe, es ist dir jetzt noch klarer geworden, dass es im Reich Gottes um Liebe und nicht um religiöse Leistungen und frommes Pflichtprogramm geht. Ich wünsche so sehr, dass der Vater dir selber neu begegnet ist. Ich bete dafür, dass sich dein Bild von ihm völlig verändert und du nun den liebenden Vater vor dir sehen kannst.

Das, was wir mit „Stille Zeit" bezeichnen, sollen die beglückendsten Augenblicke unseres Lebens sein! Eine tiefe Freundschaft, voller Zuneigung und Vertrauen zwischen Abba-Vater und dir! Mein Wunsch ist es so sehr, dass meine persönlichen Beiträge dir total viel Mut machen und Anregung bieten, deinen eigenen Weg zu finden. Unser Gott ist ein Gott der Beziehung! Und er sehnt sich nach einer einzigartigen Freundschaft mit dir!

Zum Schluss möchte ich dir noch ein paar **Hilfestellungen** mit auf den Weg geben, damit du deinen eigenen Platz auf dem Schoß des Vaters findest.

Worauf es ankommt:

Finde deinen Ort

Ich empfehle dir, für deine tägliche Freundschaftszeit mit Abba-Vater einen vertrauten Ort zu suchen. Unsere Freundschaft mit Gott braucht ein Zuhause. Einen Platz, an dem wir uns regelmäßig mit ihm treffen können. Natürlich geht das an jedem Ort der Welt. Aber ein privates, gewohntes Umfeld bietet mehr Schutz und Geborgenheit. Wir werden weniger abgelenkt durch fremde Reize und Störungen. Vielleicht ist es ein bestimmtes Zimmer im Haus oder ein spezieller Sitzplatz. Oder auch die vertraute Spazierrunde. Wenn wir solch einen vorbereiteten Raum betreten, dann kommen wir schneller an unserem Ziel an.

Finde deine Zeit

Eine Beziehung lebt von „miteinander geteilter Zeit". Gott lieben heißt vor allem, Zeit mit ihm verbringen. Finde heraus, wann der beste Zeitpunkt für dein Freundschaftstreffen mit Abba-Vater ist. Das kann von sehr unterschiedlichen Faktoren abhängen (Typfrage, Beruf, feste Termine, etc.). Dennoch empfiehlt es sich, eine Regelmäßigkeit aufzubauen. Das alltägliche Leben wird schon von alleine für genügend Ausnahmen sorgen. Plane deine Zeit mit Abba fest in deinen Tagesablauf ein. Für viele Menschen hat es sich bewährt, den Tag mit Gott zu beginnen. Noch bevor Menschen, Meinungen und Medien auf uns einprasseln, treffen wir uns mit unserem himmlischen Freund und empfangen von ihm neue Kraft und Impulse für unser Leben.

Finde deine äußere Gestaltungsform

Wie du lesen konntest, hat jedes Kind Gottes einen eigenen Zugang zu seinem Herzen und auch eine persönliche Art ihn zu lieben. Dies Buch lädt an vielen Stellen ein, herauszufinden, welche Form von gelebtem Glauben zu dir persönlich passt. Probiere ruhig mehrere Wege aus. So lange, bis du das passende Gefäß gefunden hast. Bei mir hat es Jahre gedauert, bis ich so langsam ahnte, welche Frömmigkeit für mich authentisch ist und dazu noch meinem Gott gefällt. Bitte halte in Erinnerung, dass es um eine Begegnung von Herz zu Herz geht und nicht um das Abarbeiten von Pflichten und Ritualen. Vielleicht gehören bald auch für dich, neben Bibel und Schreibzeug, ein Pott mit heißem Kaffee, eine CD mit schöner Anbetungsmusik, ein Tagebuch und eine Kerze... zu den festen Elementen deiner Freundschaftszeit mit Abba-Vater.

Finde dein inneres Glück

Die Zeit mit deinem Gott soll die glücklichste Zeit an jedem Tag sein! Hier berühren sich Himmel und Erde in deinem kleinen Leben. Unser Vater im Himmel will, dass es uns gut geht und wir in seiner Gegenwart aufblühen. Er hat nur die besten Absichten für unser Leben. Er will unsere wahre Lebensfreude und Lebenslust sein. Je mehr wir verinnerlicht haben, dass es bei unserer Freundschaft mit Abba-Vater um eine reale Liebesbeziehung geht, desto weniger werden wir die Qualität unserer Gemeinschaft mit ihm nach Minuten und gelesenen Bibelkapiteln beurteilen. Wir sind da, um ihm zu gefallen. Und er kommt uns nahe, um uns glücklich zu machen. Wie gute Freunde wollen wir einander beschenken und für den anderen ein Segen sein. Die gemeinsame Zeit mit Abba soll die Quelle all unserer Lebensenergie sein. Deshalb beurteilen wir diese Zeiten nicht mehr länger nach abgeleisteter Arbeit, sondern nach dem Maß an Freude und Frieden, den er in unser Herz gebracht hat. – Sind wir ihm begegnet? Hat er uns berühren können? Haben wir seine Stimme gehört und in seine Augen geschaut? Haben wir seine Liebe empfangen – mit oder ohne Gefühle? Was ist in unseren Herzen, ganz tief drinnen, passiert? – Das sind die entscheidenden Fragen!

So begleiten dich meine Gebete und Segenswünsche. Komm und brich auf! Ein gutes, weites Land liegt vor dir! So viele Abenteuer und Überraschungen warten auf dich! Das Beste kommt jetzt! Es hat gerade erst angefangen! Lebe in der Freundschaft mit Abba-Vater! Siehe doch, er wartet mit weit offenen Armen auf dich!

Feedback

Wer an der Teilnahme oder Durchführung von Seminaren zum Thema „Gott als Vater kennen lernen" Interesse hat, der melde sich bitte. Gerne erhalte ich auch Reaktionen auf meine Bücher. Bitte schreibt eine Mail an:

pastor@ichthys-hannover.de

Wer durch das Lesen dieses Buches inspiriert wurde und Gott als Vater intensiver erlebt hat, den ermutige ich, es in wenigen Zeilen aufzuschreiben und an mich zu senden. Kurze Erfahrungsberichte bringen wir gerne auf unserer Homepage www.vaterherz.org.

Empfehlenswerte Literatur zum Thema

- „Leben in der Liebe des Vaters" von Manfred Lanz, Leuchter Edition

- „Aufbruch zur Stille" von Bill Hybels, Projektion J

- „Das Haus Gottes" von Max Lucado, Hänssler

- „Es geht nicht um mich" von Max Lucado, Hänssler

- „Gottes Liebesgeschichte" von Gene Edwards, Leuchter Edition

- „Das Leben, nach dem du dich sehnst" von John Ortberg, Projektion J

- „Viel näher, als du denkst" von John Ortberg, Gerth Medien

Matthias Hoffmann

Halleluja – es ist nicht zu schaffen!

Einüben eines Lebensstils kindlichen Vertrauens.
Der Druck, der auf den meisten von uns lastet, scheint täglich größer zu
werden. Alle wollen etwas von mir: mein Partner, meine Familie, mein
Beruf, die Gesellschaft! Selbst der Glaube wird anstrengend. Bücher,
Predigten und Konferenzen fordern uns zu geistlichen Höchstleistungen
und zu engagiertem Einsatz auf. Dazu kommt noch mein eigener Wunsch
nach mehr „Heiligkeit und Heil-sein"! Irgendwann ist es so weit, es wird
zu viel. Halleluja – es ist nicht zu schaffen!
In diesem Buch wirst Du keine Patentrezepte und schnellen Lösungen
finden, wohl aber die Ermutigung zu einem Lebensstil kindlichen Vertrauens, der Dich sicher und geborgen durch den Rest Deines Lebens
führen kann. Heute ist ein guter Tag, um entspannt damit zu beginnen!

178 Seiten, gebunden
Bestell-Nr. 52 50406
ISBN 978-3-86773-168-3

cap-books • 72221 Haiterbach-Beihingen • Tel.: 07456-9393-0 • bestellung@cap-music.de
www.cap-books.de

Matthias Hoffmann

Gottes Vaterherz entdecken

Erweiterte und überarbeitete Neuauflage.
Jetzt ist die Zeit gekommen, Gott als liebenden Vater kennenzulernen!
Zu lange sind viele Menschen dem falschen Gottesbild eines kontrol-
lierenden und strafenden Richters gefolgt. Zu lange haben viele ihr
Christsein unter verkehrten Vorzeichen geführt: Es dreht sich alles um
Leistung, statt um Liebe.
Aber genau hier setzt die befreiende Botschaft von der Vaterliebe Got-
tes an! Gott ist der liebende Abba-Vater, der sich seinen vielgeliebten
Kindern neu zu erkennen gibt. Er heilt unsere Lebenswunden und stellt
uns wieder her. Die Freundschaft mit ihm ist das höchste Glück und
befreit uns zu dem Leben, zu dem wir von Anbeginn bestimmt sind.
Wir sind für die größte Liebe erschaffen!

148 Seiten, gebunden.
Bestell-Nr. 52 50407
ISBN 978-3-86773-176-8

Das ungekürzte Hörbuch, gelesen von
Matthias Hoffmann. Mit vier CDs.
CD 52 00407

Matthias Hoffmann

100 Tage in der Liebe des Vaters

Ein 30-Minuten-Weg für 100 Tage.
Hier ist ein Buch für jeden Tag. Es möchte den Leser in die liebende
Gemeinschaft mit Gott, dem Vater, führen. Es braucht täglich etwa 30
Minuten, um den Weg mitzugehen. Für jeden Tag gibt es einen Lernvers,
ein Gebet, eine biblische Lesung, einen konkreten Impuls und einen
praktischen Schritt, den es gleich umzusetzen gilt.
Als Andachtsbuch lässt es dem Leser große Freiheit - er kann verweilen,
wiederholen oder auch eine Pause einlegen, denn es geht nicht um ein
Abhaken von Tagen.

110 Seiten, gebunden
Bestell-Nr. 52 50401
ISBN 978-3-935699-63-1

Matthias Hoffmann, Victor Geist

Baudolino

- der Clown, der den Menschen Tränen schenkte.
Eine Bildergeschichte für Kinder (und Erwachsene).
Immer wenn der Clown Baudolino auf seiner Geige spielt, müssen die
Menschen weinen. Aber sie werden nicht traurig, sondern froh. Eine
Geschichte, die die Herzen bewegt und berührt. MIt Bildern von Victor
Geist.

Format: 21,5 x 21,5 cm, vierfarbig, 32 Seiten
Bestell-Nr. 52 50404
ISBN 978-3-86773-097-6

Matthias Hoffmann

Gottes Vaterherz in den Psalmen entdecken

100 Tage in der Liebe des Vaters.
Ein 30-Minuten-Weg für 100 Tage.
Mit diesem Buch öffnet sich ein 100-Tage-Weg in die Psalmen, um dort Gott als liebenden Vater zu entdecken. Viele geistliche Einsichten und Erkenntnisse sind zu finden, ein Schatz für jeden Tag. Komm mit auf Entdeckungsreise in die Psalmen!

„Der Gott, an den ich seit meiner Kindheit glaube, besitzt ein Vaterherz voller Liebe für mich – und auch für jeden einzelnen Menschen auf der ganzen Welt. Ich weiß nun, dass mein Gott nur gut ist, ER kann gar nicht anders!"

120 Seiten, gebunden
Bestell-Nr. 52 50405
ISBN 978-3-86773-111-9

cap-books • 72221 Haiterbach-Beihingen • Tel.: 07456-9393-0 • bestellung@cap-music.de
www.cap-books.de

Meine persönlichen Anmerkungen:

Meine persönlichen Anmerkungen: